rororo

Zu diesem Buch

Warum ein Flirt-Buch speziell für Frauen? Flirten denn Frauen anders als Männer? Aber natürlich. Einige Mädels trauen sich selbstbewusst ran an die Kerle, aber viele sind völlig verunsichert: Darf ich den süßen Typen am Cafétresen einfach anquatschen, oder guckt der mich dann schräg an? Kann ich ihm einen Drink spendieren? Das achtlos fallen gelassene Taschentuch zur Kontaktaufnahme hat jedenfalls endgültig ausgedient. Wie animiert «frau» die Jungs also ganz unauffällig zum ersten Schritt? Warum ist es erfolgversprechend, sich an die Herren in der Bahn oder an der Käsetheke heranzupirschen? Wie wimmelt die moderne Dame uncharmante Verfolger ab? Stehen auch Männer auf Komplimente? Diesen und vielen anderen ganz praktischen Fragen des Flirtens widmet sich Christiane Bongertz.

Die Autorin

Christiane Stella Bongertz ist Kommunikationswissenschaftlerin, Journalistin und Autorin. Sie lebt in Köln und Hamburg und schreibt für zahlreiche Zeitschriften und Zeitungen, von «Maxi» bis hin zur «Zeit». Auch ihre Themen sind so vielfältig wie ihre Interessen, ob nun Aktuelles, Kunst, Musik, Reise oder, last but not least, Zwischenmenschliches. Denn natürlich geht es in ihren Texten immer wieder ums Flirten. Von ihr bisher bei rororo erschienen: «Das Flirt-Buch für Männer» und «Mach's noch einmal, Schatz: Was Frauen wollen.» Verlagsfremd: «Nabelschau – zwei Frauen enthüllen die letzten 55 Geheimnisse ihrer Spezies» mit Natali Michaely. Weitere Informationen unter www.christiane-bongertz.de

Christiane Bongertz

Das Flirtbuch für Frauen

Rowohlt Taschenbuch Verlag

Originalausgabe
Veröffentlicht im Rowohlt Taschenbuch Verlag,
Reinbek bei Hamburg, Oktober 2004

Redaktion Julia Vorrath
Umschlaggestaltung ZERO Werbeagentur, München
(Foto: Mauritius)
Satz Electra PostScript, QuarkXPress,
bei KCS GmbH, Buchholz/Hamburg
Druck und Bindung Druckerei C. H. Beck, Nördlingen
Printed in Germany
ISBN 3 499 61697 1

Inhalt

Prolog: Vom Burgfräulein zu Alice Sch. – Eine kleine Flirtzeitreise

Glaubt man Märchen, Romanen und Theaterstücken, gestaltete sich das Flirten für Frauen in vergangenen Zeiten recht simpel. Man könnte sich das wie folgt vorstellen: Wurde man als Burgfräulein geboren, musste man nur sein Taschentuch zu Boden segeln lassen. Schon quietschten die Ritter in ihren Rüstungen heran, um dann wahrscheinlich beim Aufheben des Tuches das Gleichgewicht zu verlieren und sich in einem Blechhaufen zu Füßen des Fräuleins zu sammeln. Jenes konnte nun problemlos den tollsten Typen herausfischen. Als durchschnittliche Königstochter stellte man derweil den in großer Zahl vor der Burg herumlungernden Verehrern Aufgaben wie das Beschaffen von Drachenköpfen oder Wunderschwertern (oder delegierte diesen logistischen Teil an die Eltern), um sich am Ende doch den Reitlehrer zu schnappen. Entweder weil man den sowieso lieber mochte oder weil die anderen Jungs beim Drachentöten auf der Strecke geblieben waren. In Goethe-Romanen tanzte man gemischtgeschlechtlich Menuett im «Lusthause» oder stellte gemeinsam berühmte Gemälde nach. Das heißt, wenn man nicht zufällig gerade mit der Vorbereitung seiner eigenen Entleibung (aus Liebeskummer) beschäftigt war und mit Flirten sowieso nichts mehr am Hut hatte. Eine weitere aus der Mode gekommene weibliche Methode zum unverbindlichen Kennenlernen war das In-Ohnmacht-Fallen, vorzugsweise in unmittelbarer Nähe des begehrten Herrn, der sogleich seine starken Arme ausbreitete und das Riechfläschchen bereithielt. Nachprüfbar ist das alles freilich nur noch partiell – wenn überhaupt –, und herauszufinden, wie das Kennenlernen Anno Tobak konkret ablief, müssen wir wohl oder übel dem zukünftigen Erfinder der Zeitmaschine überlassen. Es gibt allerdings einige Gründe für die Annahme, dass in früheren Jahrhunderten die

Kontaktaufnahme zwischen den Geschlechtern nach relativ strikten Maßgaben geregelt war. Das mag in puncto freie Persönlichkeitsentfaltung ein Nachteil gewesen sein, aber die Frage «Wie flirte ich am besten?» tauchte erst gar nicht auf.

Auch noch vor vierzig, fünfzig Jahren war die Annäherungsweise zwischen Männlein und Weiblein ziemlich festgelegt. Der Mann hatte den ersten Schritt zu tun, Frauen, die nichtsdestoweniger die Initiative ergriffen, galten als «leichte Mädchen». Getränke und Speisen wurden «vom Herrn» bezahlt, und «anständige» Frauen gingen nicht ohne Begleitung in öffentliche Lokale. Punkt! Das alles erschwerte einen Flirt ungemein, und zumindest Frauen hatten ernste Ehe-Absichten zu hegen, wenn sie sich einem Mann näherten. Sexuelles Interesse stand als Flirtmotivation – von weiblicher Seite aus – nicht zur Debatte, und wenn es doch unbefugterweise zum Äußersten kam, wurde ziemlich schnell nach dem Date geheiratet. Oder die Frau galt mal wieder, siehe oben, als Flittchen. Mitten ins gepflegte Spießertum hinein platzte dann Ende der 60er die Bombe der sexuellen Revolution, in etwa zeitgleich mit Erfindung des folgenlosen Sex dank Pille – und die Verwirrung begann. Alice Schwarzer trat auf den Plan und begann ihren Kampf für die Gleichberechtigung der Geschlechter; Uschi Obermeyer ließ sich oben ohne in ihrer Kommune zwischen lauter langhaarigen Jungs fotografieren. Zur etwa gleichen Zeit erklärte Romy Schneider öffentlich, sie halte nichts von Emanzipation. Offenbar in Unkenntnis dessen, was der Begriff bedeutet, denn sie selber führte seinerzeit in Paris ein so emanzipiertes Leben wie nur wenige Frauen jener Tage. Mädchen zogen sich damals der neuen Mode gemäß Miniröcke an, manch ein Mann fühlte sich davon angemacht und kaufte der miniberockten Frau (die sich im Zuge der neuen Entwicklungen mal allein in ein Lokal getraut hatte) ein Getränk. Daraufhin fühlte sich die Dame irgendwie zum Sex verpflichtet, obwohl sie doch eigentlich nur ein wenig plaudern wollte. Flirten glich plötzlich einem Minenfeld, weil zwar offiziell inzwischen eine Menge mehr erlaubt war als vorher, in den Köpfen die 50er Jahre aber noch lange nicht aufgehört hatten.

Inzwischen ist viel Zeit vergangen; wir schreiben das neue Jahrtausend. Es flirtet sich heute freier und unbeschwerter als je zuvor, und restriktive gesellschaftliche Erwartungen sind der verbreiteten Meinung gewichen, dass erlaubt ist, was gefällt. Und zwar: was beiden Geschlechtern gefällt. Frauen sind selbstbewusst und sehen es gar nicht ein, warum sie so tun sollten, als wüssten sie nicht, was sie wollten. Nicht umsonst kreist eine der bei uns Damen beliebtesten Serien – «Sex and the City» – um Superweiber mit hohen Ansprüchen und einem Männerverschleiß, angesichts dessen selbst der einstigen Kommunen-Expertin Uschi Obermeyer der Mund offen stehen bleiben dürfte.

Frauen von heute wollen Spaß haben und nette Männer kennen lernen, ohne dabei gleich an eine Eheschließung denken zu müssen. Frauen kommen auch nur noch selten auf die idiotische Idee, sie müssten sich als Dank für einen popeligen Piccolo, den ein «generöser Gönner» in der Hotelbar hat springen lassen, aufs Kreuz legen lassen. Frauen flirten heute einfach so, aus Freude. Manchmal auch aus Lust. Im Allgemeinen tun sie das, ohne dass im Hinterkopf irgendwelche verstaubten Sittenwächter herumspuken und mit erhobenem Zeigefinger fragen, ob sich so ein Verhalten auch zieme. Und genau deshalb wundern sie sich manchmal über die Reaktionen der Männer, die sich – in manchen Fällen – irgendwie nicht mitentwickelt zu haben scheinen. Woher rührt zum Beispiel diese seltsame Gesetzmäßigkeit, dass eine Frau auf keinen Fall einen tollen Typen nach einem Flirt mit nach Hause nehmen darf? Zumindest nicht, wenn sie möchte, dass er sich nochmal bei ihr meldet? Und dann tauchen manchmal eben doch Unsicherheiten auf: Sind Männer im Grunde ihres Herzens noch die urzeitlichen Jäger und fühlen sich bedrängt, wenn eine Frau sie zum Pils einlädt? Sollte ich nicht doch lieber warten, dass er den ersten Schritt tut, als ihn direkt anzuquatschen? Darf ich mit einem Mann flirten, von dem ich weiß, dass er eine Freundin hat, wenn ich nichts Weiterführendes von ihm will? Und was ist, wenn ich vielleicht noch nicht so sicher bin, ob ich nicht – eventuell – doch mehr von ihm wollen könnte? Was ist, wenn ich selber gebunden bin: Ist Flirten dann schon eine Form von Betrug? Denken eigentlich alle Männer, mit denen ich flirte, insgeheim an Sex?

Vielleicht sind die im Zuge eines Flirts auftauchenden Fragen auch eher praktischer Natur: Wie wird man aufdringliche Verehrer los? Flirtet es sich nicht mittlerweile viel besser im Internet als im «echten Leben»? Was muss man dabei beachten? Wie mache ich dem süßen Typen am anderen Ende des Cafés, der partout nicht zu mir rüberguckt, klar, dass ich ihn attraktiv finde? Und, falls ich es endlich geschafft habe, sein Interesse zu wecken: Soll ich ihm am Ende eines Flirts meine Telefonnummer geben – oder besser warten, bis er mir seine gibt? Und ihm lieber erst mal nur die Mail-Adresse geben?

Das sind nur einige der Hürden, die die Frau von heute nehmen muss, wenn sie in Kontakt mit der holden Männlichkeit treten will. Genau deswegen gibt es nun ein Flirtbuch für Frauen. Damit die wichtigen Fragen geklärt werden und Flirten genau das ist, was es sein sollte: ein Spaß, der das Leben bereichert. Nicht mehr – und vor allem nicht weniger!

Das Geheimnis der Flirtkanonen

Was hat sie, was ich nicht hab?

Sie kennen sicher auch diese Frauen. Frauen, bei denen beim Flirten alles wie von selbst zu laufen scheint. Die jeden Kerl um den Finger wickeln können, die vor Charme nur so sprühen und die bei jeder möglichen und unmöglichen Gelegenheit – in der Uni, der S-Bahn oder im Einkaufszentrum vielleicht – Telefonnummern von Jungs sammeln wie andere Frauen Eindrücke. Frauen, die an jedem Finger, so scheint es jedenfalls, zehn (oder mehr) Typen zur Auswahl haben. Frauen, die interessanterweise oft nicht mal unbedingt besonders schön sind. Frauen, die flirten, flirten, flirten und ganz offensichtlich unglaublich viel Spaß dabei haben.

Und? Sind Sie neidisch? Das möchten Sie auch? Kein Problem, das *können* Sie auch. In diesem Buch erfahren Sie, wie Sie die Flirtkanone in sich aktivieren. Zunächst gilt es, sich ein paar Dinge bewusst zu machen. Sozusagen die Spielregeln des erfolgreichen Flirtens zu lernen.

- Wenn es Spielregeln gibt, folgt daraus: **Flirten ist ein Spiel**. Und zwar nicht, wie manchmal behauptet wird, ein Spiel mit dem Feuer, sondern eigentlich nur eines mit dem Kaminholz. Anzünden ist zwar nicht ausgeschlossen, aber nur, wenn beide Parteien das wollen, springt der Funke über. Das wissen die Flirtkanonen. Bei dem Spiel, das Sie beim Flirten spielen, können Sie nicht verlieren. Sie gewinnen immer. Meistens eine Menge Spaß und gute Laune, manchmal ein paar neue Erfahrungen – oder vielleicht auch einen saftigen Rabatt beim Kauf Ihres neuen Wagens, falls Sie zufällig gerade mit dem Verkäufer geflirtet haben.

- Wenn Flirten ein Spiel ist, heißt das ebenfalls: **Flirten ist nie ein Versprechen.** Ein Flirt ist auch keine Verpflichtung, weder zu einem Gespräch noch zu einem Treffen oder gar zu Sex. Die notwendige Basis eines Flirts ist die Unverbindlichkeit. Auf diese Grundlage, und wie und warum sie den Ablauf eines «erfolgreichen» Flirts maßgeblich bestimmt, werden wir in späteren Kapiteln noch ausführlicher zu sprechen kommen. Fürs Erste sollten Sie aber verinnerlichen, dass Sie immer und überall flirten können – ohne Gewissensbisse, dass sich etwa ein angelächelter Mann mehr von Ihrer Freundlichkeit versprechen könnte. Falls das der Fall sein sollte – es gibt schließlich tatsächlich diese unverbesserlichen Männer, die jedes noch so unschuldige Lächeln als Aufforderung zu einem sexuellen Abenteuer interpretieren –, ist das ganz allein sein Problem. Nicht Ihres. Sie können sich immer auf die Unverbindlichkeit berufen. Das heißt übrigens auch: Aufgrund dieser Unverbindlichkeit dürfen Sie ohne moralische Zweifel selbst dann flirten, wenn Sie fest gebunden sind. Lächeln und flirten Sie an, wen Sie wollen, wann immer Sie es wollen. Und: Sie haben das absolute Recht, jeden Flirt jederzeit und ohne Angabe von Gründen zu beenden. Achtung: Das alles gilt umgekehrt selbstverständlich ebenso für den flirtenden Mann.
- Aus den vorhergehenden Punkten ergibt sich folgerichtig: **Meisterflirterinnen nehmen das Flirten nie sonderlich ernst**, und das, obwohl sie es ständig praktizieren und es für sie zum Leben gehört wie die täglichen Mahlzeiten. Sie erwarten nichts davon und freuen sich gerade deswegen ein Loch in den Bauch, wenn ihnen ein netter Flirt Schmetterlinge in denselben zaubert. Anders ausgedrückt: Wer nur flirtet, um den Mann fürs Leben zu finden, legt die Latte viel zu hoch. Diese Einstellung verleiht jeder Situation eine unnötige Schwere, die nicht nur gegen die Unverbindlichkeitsregel verstößt, sondern auch für Enttäuschungen sorgt. Natürlich lernt man zuweilen beim Flirten Männer kennen, die auch für die Ewigkeit tauglich

scheinen – aber eben nicht immer. Und die Wahrscheinlichkeit, dieses Glück zu haben, ist viel größer, wenn man darauf nicht unbedingt Wert legt. Klingt paradox? Ist es aber nicht! Lesen Sie bitte weiter:

- **FLIRTKANONEN SIND «WAHLLOS».** Ja, Sie haben richtig gelesen. Flirtkanonen haben meistens ein Lächeln auf den Lippen und schenken auch jenen Jungs einen herzerwärmenden Blick, von denen sie ganz sicher nicht «mehr» wollen. Dem 60-jährigen Hausmeister genauso wie dem winzig kleinen Fahrradkurier, dem Postboten oder dem Kioskverkäufer mit der unvorteilhaften Querkämmfrisur. Das ist kein Problem, denn, erinnern wir uns: Flirten ist unverbindlich und kein Versprechen. Vorteil der «Wahllosigkeit»: Im Falle eines Falles, wenn also tatsächlich der Traummann den Weg kreuzt, haben Flirtkanonen genau die Übung, die sie brauchen, um bei ihm zu landen. Je mehr Sie üben, umso leichter wird das Flirten nicht nur, umso mehr Spaß bringt es auch. Weil man sich nicht über jede Kleinigkeit Gedanken macht und darum gleich viel entspannter wirkt. Das ist beim Flirt nicht anders als beim Erlernen einer neuen Sportart. Ergo: Warten Sie nicht länger, sondern beginnen Sie sofort mit dem Training und weichen Sie nie mehr einem interessierten Blick aus.
- **FLIRTKANONEN «FLIRTEN» AUCH MIT DEM EIGENEN GESCHLECHT.** Nein, keine Angst, das bedeutet nun nicht, dass versierte Flirterinnen homo- oder bisexuell sind (oder werden müssen). Eigentlich heißt es nur, dass Superflirterinnen fast immer mit einer positiven Grundhaltung durchs Leben spazieren und anderen Damen genauso einnehmend gegenübertreten wie Männern. Auch Frauen freuen sich nämlich über freundliche Blicke und Interesse an ihrer Person. Eine offene Grundhaltung anderen Menschen gegenüber, egal ob Mann oder Frau, erleichtert nicht nur ganz wesentlich das Flirten, sondern hilft auch, nette Leute kennen zu lernen und Freunde oder Freundinnen zu gewinnen. Der Unterschied zum Flirt besteht natürlich darin,

dass eine solche Annäherung – in der Regel – völlig «prickelfrei» ist, während bei der Kontaktaufnahme zwischen Mann und Frau (fast) immer unterschwellig eine theoretisch-sexuelle Komponente mitschwingt, die etwas damit zu tun hat, dass hier zwei nicht nur nett flirten, sondern ebenfalls ihren Marktwert testen.

Fazit: Flirten ist eine Lebenseinstellung. Wer mit positiver, offener Grundhaltung durchs Leben geht und neugierig ist auf andere Menschen, hat das Zeug zur Meisterflirterin.

Denken Sie an sich!

> «Come as you are/ As you were
> As I want you to be»
> Nirvana

Wie soll ich mich verhalten, um den Männern zu gefallen? Diese Frage stellen sich eine Menge Frauen ziemlich häufig. Dabei ist der Gedanke, der dahinter steckt, grundfalsch. Denn: Wer so fragt, macht sich selbst schlecht, so wie er (oder besser: sie) ist. Wer so fragt, offenbart außerdem die Absicht, sich in seinem Auftreten nach anderen – den Männern nämlich – zu richten. Dabei mögen die es besonders, das belegen immer wieder Umfragen, wenn Frauen genau das *nicht* tun, sondern ihren eigenen Kopf haben.
Wieder mal ein scheinbares Paradoxon: Um den Männern zu gefallen, sollten Sie erst mal die Männer vergessen. Tun Sie, worauf Sie Lust haben, und denken Sie um Himmels willen nicht zu viel darüber nach, wie das auf andere, speziell die Herren der Schöpfung, wirken könnte.
Erstens können Sie ohnehin nicht allen gefallen, und zweitens

macht das viele Grübeln verkrampft und ist damit der Erzfeind zweier fürs Flirten enorm wichtiger Eigenschaften. Als da wären:

Natürlichkeit und Authentizität

Männer sagen gern und oft, dass sie Natürlichkeit an Frauen schätzen. Eine Bemerkung, die eine nähere Beschäftigung lohnt. Damit ist keinesfalls gemeint, dass sie Mädels anziehend finden, die ungeschminkt, mit fettigen Haaren und in Sack und Asche durch die Gegend laufen. Diese Aussage offenbart schlicht und ergreifend den Wunsch nach Authentizität. Denn Menschen, die sich verstellen oder gar inszenieren, um zu gefallen, wirken nicht nur seltsam gekünstelt, sondern vor allem unehrlich. Die Frage, die sich den Jungs aufdrängt: Was will diese Frau bloß verstecken? Erwartet mich bei ihr ein Eispickel unter dem Bett – wie ihn Sharon Stone in *Basic Instinct* für Michael Douglas bereithielt? Männer möchten verständlicherweise wissen, woran sie sind – und wenn sie Zweifel daran haben, dass eine Frau wirklich so ist, wie sie auftritt, gehen sie erst mal auf Abstand. Schlecht fürs Flirten. Frauen, die sich hinter eine Fassade zurückziehen, tun das freilich häufig aus Selbstschutz. Sie sind oft schüchtern und haben – zum Beispiel – Sorge, unsouverän zu wirken, wenn sie ständig sanft erröten. *Dabei findet die große Mehrheit der Männer Frauen, deren Wangen sich mit einem natürlichen Rot überziehen, entzückend.* Dann gibt es die Frauen, die sich anpassen. Oder diejenigen, die lieber gar nichts tun als einfach irgendetwas, und sei es noch so ein harmloses Unterfangen wie Tanzen – aus Angst, zu viel Angriffsfläche zu bieten oder sich zu blamieren. Frauen, die mit ihrer Meinung hinter dem Berg halten, Frauen, die Mode tragen, die alle kaufen – und die darum in der Masse zu verschwinden drohen. Die immer glauben, dass etwas anderes «gewünscht» ist als das, was sie selber gut finden oder denken. Bis sie irgendwann vor lauter Gefallen-Wollen nicht mehr wissen, wer sie selber sind. Fatal! Der Grund dafür ist mangelndes Selbstvertrauen in Kombination mit der «idealen Frau», die den meisten Frauen im Kopf herumgeistert. Die ideale Frau ist notwendigerweise immer total anders als sie selbst. Sie sieht aus wie Gisèle Bündchen, ist schlagfertig wie die MTV-Moderatorinnen, schlau wie Uta Ranke-Heinemann und erfolgreich wie Madonna. Mit anderen Worten: Ein Utopie-Wesen. Oft ist dieses Bild bereits durch ganz frühe Erlebnisse geprägt worden. Wer erinnert sich nicht an die begehrten Mädchen, die es in jeder Schule, jeder Stufe, jeder Klasse gab. Nicht unbedingt die schönsten, aber dennoch, nun ja, irgendwie: perfekt. Mädchen, an deren Lippen alle hingen, sobald sie sie geöffnet haben. Mädchen, deren Meinung zählte. *Opinion Leader*, würden Marktforscher sagen. Vielleicht haben diese Mädchen *Alternative Rock* gehört – dann war *Alternative Rock* in den Augen der anderen geadelt und cool. Hatten die Supergirls stattdessen *Electronic Body Music* im CD-Player laufen, war das auch für den Rest die beste Musik auf Gottes Erden. Wenn sie den Rock über der Hose trugen, blaue Strähnchen im Haar hatten, rote Baskenmützen auf dem Kopf hatten oder einen Ring in der Nase, war klar: Das war der Maßstab. Und wenn sie all das nicht gemacht haben, ebenso. Wie kommt es, dass manche Frauen eine so starke Ausstrahlung haben? Die Antwort ist einfach: Sie selber sind authentisch und versuchen nicht, etwas nachzumachen oder Trends hinterherzulaufen. Sie scheren sich nie um die Meinung anderer, verschwenden keinen Gedanken daran, was die anderen von ihnen halten – und werden genau dafür bewundert. Das ist alles. Und das heißt für Sie: Sie können auch so werden, Sie müssen sich nur selbst vertrauen.

FAZIT: Tun Sie das, wozu Sie Lust haben, auch wenn es nicht dem gegenwärtigen Mainstream entspricht. Gehen Sie das Risiko ein, anzuecken. Das soll selbstverständlich nicht bedeuten, dass Sie wie eine frisch Pubertierende anfangen, Ihre Mitmenschen ohne Sinn und Verstand zu provozieren und immer aus Prinzip gegen alles und jeden zu sein. Wichtig ist lediglich: Trauen Sie Ihrer eigenen Meinung, Ihrem eigenen Geschmack, Ihren eigenen Bedürfnissen – und haben Sie den Mut, all das notfalls auch zu verteidigen. Das macht interessante Menschen aus und verleiht Charisma dank innerer Stärke. Positiver Nebeneffekt: Sie ziehen genau die Leute an, die ähnlich denken wie Sie. Insbesondere Männer.

Und nun, nichts wie …

Jeder Flirt ist eine kommunikative Angelegenheit. So weit, so gut. Worüber Sie aber vielleicht noch nicht nachgedacht haben, ist Folgendes: Im Prinzip lassen sich *alle* zwischenmenschlichen Begegnungen in Flirts und Nicht-Flirts einteilen! Sie finden, das hört sich ein bisschen übertrieben an? Keineswegs! Die Sache ist nämlich so: Kommunikationspsychologen wie der berühmte Paul Watzlawick gehen von einer grundlegenden Regel der Kommunikation aus: «Ein Mensch kann nicht nicht kommunizieren.» Mit anderen Worten: Irgendetwas kommuniziert man immer. Und zwar selbst dann, wenn man ganz stumm dasteht.

Das heißt: Der gut aussehende Typ hinter der «Süddeutschen», der im Café ein paar Tische weiter sitzt und mit dem Sie seit Minuten versuchen, Augenkontakt herzustellen, und der partout nicht herübersieht, kommuniziert damit verschiedene Dinge. Dass er gerade Zeitung liest, zum Beispiel. Und ebenfalls, dass er Sie vermutlich nicht bemerkt hat. Klarer Fall: Es handelt sich um einen Nicht-Flirt! Aber wenn er dann plötzlich doch mal aufschaut und Sie anlächelt, ist der Flirt bereits in vollem Gange. Falls er Sie bemerkt und trotzdem nicht reagiert, fällt die Begegnung, logisch, wiederum in die Kategorie «Nicht-Flirt». Sie sehen, die Welt besteht – aus einem gewissen Blickwinkel – tatsächlich nur aus Flirts und Nicht-Flirts.

Und daraus folgt wiederum: Es gibt bestimmte Verhaltensweisen und Signale, eine gewisse Mimik und Körpersprache, vom Augenkontakt bis zur Zehenausrichtung, die einen Flirt ausmachen. Wer erfolgreich flirten will, tut gut daran, sich mit diesen Dingen vertraut zu machen. Und sie möglichst effektiv anzuwenden.

Die Anfangsphase des Flirts besteht mit wenigen Ausnahmen immer aus nonverbalen Signalen. Nicht immer sind diese Signale von den Beteiligten willentlich beeinflussbar. Etwa, wenn Sie den Mann mit der «Süddeutschen» angrinsen und er sofort die Farbe reifer

Strauchtomaten annimmt. Rotwerden ist eine physiologische Reaktion, wie ein Reflex weit gehend unabhängig vom Willen. Und damit ein besonders zuverlässiges Zeichen: Sie haben den jungen Mann in helle Aufregung versetzt! Andere Verhaltensweisen sind wiederum erlernt und deswegen von Kulturkreis zu Kulturkreis unterschiedlich. So ist zum Beispiel der normale Abstand zwischen Menschen, die miteinander sprechen und die weder liiert noch eng verwandt sind, in unserer westlichen Welt mit etwa einer Armlänge größer als in manchen anderen Kulturkreisen. Diesen Abstand nehmen wir ganz automatisch ein, ohne dass uns das bewusst würde. Hatten Sie schon einmal das Gefühl, jemand rücke Ihnen im Gespräch irgendwie aufdringlich auf die Pelle? Vielleicht wollte der Fremde nur den in seiner Kultur üblichen Normalabstand einnehmen, der Ihnen allerdings eindeutig zu eng war. Folge: Sie sind immer mehr zurückgewichen, er ist, wie von einem unsichtbaren Magneten gezogen, hinterhergekommen.

In einigen Ländern gilt Blickkontakt unter Fremden als unhöflich und in wieder anderen als offene Aufforderung – mitunter zu mehr, als Ihnen möglicherweise gerade vorschwebt. Sie wollen ja flirten, nicht gleich heiraten. Für Sie bedeutet das: Flirten Sie auf Reisen im Ausland mit Vorsicht. Im Zweifel lassen Sie es lieber ganz. Doch wenden wir uns dem Wesentlichen zu: dem Flirt, wie Sie ihn, im Großen und Ganzen, in unseren Breiten erleben können, in Europa, aber auch weiten Teilen Nordamerikas.

Und so ein Flirt beginnt im Kopf. Genauer gesagt, auf der Netzhaut:

Den Flirt immer im Blick

«Ich brech die Herzen der stolzesten Frau'n, weil ich so stürmisch und so leidenschaftlich bin
Mir braucht nur eine ins Auge zu schau'n und schon ist se hin ...»
HEINZ RÜHMANN

«Schau mir in die Augen, Kleines»
HUMPHREY BOGART

Sie kennen vielleicht den Gedanken: Och, ich gehe ja nur mal eben einkaufen, was soll da schon groß passieren ... Gewöhnen Sie sich das bitte ganz schnell ab. Und zwar nicht nur, weil der Supermarkt eines der besten Flirtreviere ist (darauf werden wir später noch zurückkommen), sondern vor allem, weil Ihnen dadurch garantiert eine Menge entgeht: Spaß, gute Laune, Schmetterlinge im Bauch, die Bekanntschaft netter Menschen und, und, und. Wenn Sie sich erst einmal entschieden haben, das Leben in vollen Zügen zu genießen, verlassen Sie täglich das Haus mit der Erwartung: Wer weiß, wer mir heute so alles über den Weg läuft. Auch in der Straßenbahn oder beim Weg zum Altglascontainer könnte Ihnen jemand begegnen, mit dem es sich zu flirten lohnt. Vielleicht nicht unbedingt der Mann fürs Leben, aber vielleicht ein Mann, der Ihnen die nächsten Stunden versüßt, einfach nur, weil er Sie angelächelt hat. Jeder dieser mitunter nur sekundenkurzen Flirts beginnt mit den Augen. Sie sind das allerwichtigste Flirtutensil. Mit ihnen nehmen wir Kontakt auf, sie blitzen, funkeln, schenken tiefe Blicke. Doch bevor es dazu kommt, machen wir uns innerhalb von drei Sekunden ein erstes Bild von einem anderen Menschen. Und dieser allererste Eindruck entsteht nun mal auf Basis dessen, was unsere Augen wahrnehmen. Alles Weitere, wie der andere riecht, wie er spricht, wie er lacht, kommt später. Flirtkanonen wissen das und laufen mit dieser ganz speziellen Lebenseinstellung durch die Weltgeschichte. Mit offenen Augen, in jeder Hinsicht. Halten auch Sie die Augen auf. Scannen Sie Ihre Umgebung nach flirtig-flirrenden Herausforderungen. Und erwarten Sie von jedem Tag kleine, mittlere und manchmal große Abenteuer. Dann werden die sich auch ereignen, da können Sie sicher sein. Denn Sie werden Offenheit ausstrahlen und die Chancen erkennen, die sich da bieten. Wie Sie sie nutzen, erfahren Sie jetzt.

Nehmen Sie (Blick-)Kontakt auf!

Da ist er nun, der erste potenzielle Flirtkandidat des Tages. Sagen wir, er steht in der S-Bahn an der Tür, schaukelt an einem Haltegriff teilnahmslos hin und her und ahnt nichts von seinem Glück: von Ihnen. *Das Wichtigste ist in diesem Moment: Sie müssen Blickkontakt herstellen!* Ohne Blickkontakt läuft gar nichts. Entscheidend dabei ist das *Wie*! Die Sache soll ja unbeschwert wirken. Unauffällig und doch zielstrebig. Dazu müssen Sie nur einige wenige Grundsätze beherzigen. Für die konkrete S-Bahn-Situation, aber auch für fast jede andere Situation, in der Sie flirten möchten, bedeutet das:

- Lassen Sie Ihren Blick in seine Richtung schweifen, mustern Sie Dinge oder Personen in seinem Umfeld.
- Streifen Sie dabei immer mal wieder mit Ihrem Blick das Gesicht des «Zielobjekts». Der anvisierte Herr wird wahrscheinlich im Augenwinkel wahrnehmen, dass ihn da jemand ins Fadenkreuz genommen hat – und kann reagieren.
- Ganz wichtig: Starren Sie einen Mann, der Sie interessiert, niemals an. Starren wird immer instinktiv als Bedrohung empfunden, das ist bei Männern nicht anders als bei Hunden.
- Sollte er nicht reagieren, machen Sie erst mal eine kurze Pause in Ihrer Den-Blick-schweifen-lassen-Strategie. Sonst verkrampfen Sie noch und bekommen schlechte Laune, weil Sie annehmen, der Typ fände Sie uninteressant. Wahrscheinlicher ist: Er hat Sie einfach noch nicht gesehen. Vielleicht ist er ja kurzsichtig und hat seine Kontaktlinsen nicht eingesetzt, oder er grübelt darüber

nach, wieso sein linker Schuh ungeputzter aussieht als der rechte oder ob er die Herdplatte angelassen hat oder oder oder …

- Positionieren Sie sich nun nach Möglichkeit so im Raum, dass Ihr Zielobjekt gar nicht umhinkann, Sie wahrzunehmen. Heißt: Heucheln Sie Interesse für etwas in seinem unmittelbaren Umfeld. In der S-Bahn könnte das zum Beispiel der Fahrkartenautomat sein, ein Plakat über dem Fenster oder die Kritzeleien auf einem der Sitze.
- Sobald Sie günstiger stehen oder sitzen, fahren Sie fort wie oben beschrieben: Blick schweifen lassen und so weiter. Kommt es dabei immer noch nicht zum Blickkontakt, haken Sie die Sache ab: Der Mann hat offenbar Tomaten auf den Augen oder Ketchup im Hirn, sonst könnte er Sie gar nicht übersehen! Nicht verzagen: Die nächste Gelegenheit zum Flirt kommt bestimmt. Aber gehen wir einfach vom bestmöglichen Fall aus und Sie erleben …

… die entscheidenden drei Sekunden des Flirts

Der erste Blickkontakt dauert meist nicht länger als drei Sekunden. Wenn der Mann in der S-Bahn Sie nun zum ersten Mal ansieht – Sie haben ihn ja zuvor schon ausführlicher gemustert –, wird er in diesen drei Sekunden eine Menge Informationen über Sie zusammentragen, genauso, wie Sie es zuvor mit ihm gemacht haben. Sie erinnern sich: Man kann nicht nicht kommunizieren! Er wird also vermutlich Ihr Alter schätzen, Ihre Figur begutachten, Ihr Gesicht und Ihre Kleidung – und das alles in Sekundenschnelle. Er wird daraus verschiedene Schlüsse ziehen, die nicht unbedingt den Tatsachen entsprechen müssen, aber aufgrund derer er zu einem vorläufigen Urteil kommt, mehr oder weniger unbewusst: Sympathisch? Oder nicht? Gesund? Oder nicht? Potenzielle Paarungspartnerin? Oder nicht? (Lesen Sie zum Stichwort «Paarung» bitte auch den Kasten «Was Flirten mit Sex zu tun hat» auf Seite 24 f.) Dann flirtet er weiter mit Ihnen. Oder eben nicht. Falls Letzteres der Fall ist, muss das aber nicht bedeuten, dass Sie bei seinem Scan durchs Raster gefallen sind.

Vielleicht ist er einfach nur zu schüchtern, und Sie verunsichern ihn enorm. Oder er muss an der nächsten Haltestelle aussteigen, was den Flirt quasi durch höhere Gewalt beendet. Oder er erinnert sich an seine Freundin, und ihn ereilt das schlechte Gewissen – das müsste es zwar nicht, denn, wie gesagt, ein Flirt ist ja eine ganz unverbindliche Sache. Doch vielleicht hat er trotzdem Skrupel, mit einer attraktiven Frau wie Ihnen Blicke zu tauschen. Es gibt viele Erklärungen. Wenn er aber allerdings noch nicht aussteigen muss, Sie sein Interesse geweckt haben, er nicht an Frau und Kinder denkt (vielleicht hat er auch weder das eine noch das andere) – kommt es zu …

… Blickkontakt Nummer zwei – bitte lächeln!

Sehen Sie sich zum zweiten Mal, diesmal ein wenig länger als drei Sekunden, in die Augen, und sei es auch über eine Entfernung von zwanzig, dreißig oder mehr Metern, sind Sie bereits mittendrin, im echten Flirt. Wahrscheinlich kribbelt's schon im Bauch, weil der Augenkontakt bei Ihnen und auch dem betroffenen Herrn eine biochemische Kettenreaktion in Gang gesetzt hat. Das Wichtigste in diesem Moment ist – koste es, was es wolle – zu lächeln. *Neben dem Blickkontakt ist das Lächeln das A und O der ganzen Flirtchose.* Schon seit Urzeiten dient es dazu, dem Gegenüber ein positives Signal zu senden, und das sogar über enorme Entfernungen hinweg (bis zu fünfundvierzig Metern). Vorausgesetzt, die Beteiligten haben ihre Brille auf – oder ihre Kontaktlinsen eingesetzt. Ein Lächeln transportiert mehrere, fürs Flirten entscheidende Botschaften. Zum einen vermitteln Sie damit natürlich, dass es Ihnen ein Vergnügen ist, den angelächelten Menschen zu sehen. Zum anderen ist ein Lächeln eine Art nonverbales Kompliment, besonders, wenn Sie einen Ihnen noch unbekannten Menschen anlächeln. Mit diesem Kompliment setzen Sie eine psychologische Reaktion in Gang. Angelächelte Menschen bekommen nachweislich bessere Laune (zumindest trifft das zu, wenn sie den «Lächler» oder die «Lächlerin» nicht grundsätzlich grob abstoßend finden). Auch wenn Sie von einer älteren

Dame oder einem Kind angelächelt werden, funktioniert dieser Mechanismus. Umso besser klappt das Ganze mit einem attraktiven Mann! Der fühlt sich durch das Lächeln bestätigt und verknüpft ganz unbewusst die Person, die diese Bestätigung und damit die Stimmungsverbesserung ausgelöst hat (im Idealfall Sie!), mit der plötzlichen guten Laune und findet sie deswegen ganz automatisch sympathisch. Eine Menge Vorschusslorbeeren also, allein aufgrund eines netten Lächelns. So wenig Aufwand für so viel Effekt! Übrigens wird sich natürlich auch Ihre eigene Stimmung heben, und in Ihrem Blut steigt die Zahl der Immunabwehrzellen rapide. Denn: Flirten ist gesund!

Was Flirten mit Sex zu tun hat

In diesem Buch ist immer mal wieder die Rede davon, dass auch völlig harmlos Flirtende einander scannen – und zwar sowohl in Bezug auf potenziellen Sex als auch auf potenzielle gemeinsame Nachkommen. Die eine oder andere Leserin wird nun vielleicht aufschreien: «Also *ich* denke bestimmt nicht an Sex beim Flirten! Aber was die Männer betrifft, ist das natürlich mal wieder typisch, das hatte ich mir schon fast gedacht! Immer nur das eine im Kopf, diese Schweine. Ts, ts, ts.» Bevor es zu Missverständnissen kommt: Wir – Frauen wie Männer – können selbstverständlich flirten, ohne (bewusst) auf Sex aus zu sein. Wir können auch flirten, ohne einen einzigen (bewussten) Gedanken an Sex im Kopf zu haben. Obwohl das von der Natur ursprünglich ganz anders vorgesehen war, denn rein genetisch gesehen soll der Flirt natürlich zum Sex und damit zur Arterhaltung führen. Ob wir allerdings so lange beim Flirt mitspielen, bis die Paarungsfrage wirklich relevant wird, bleibt freilich unsere Sache! Ebenso, ob wir, falls wir es doch tun, dabei nicht mogeln – will sagen: verhüten – und der Evolution so einen Strich durch die Rechnung machen: Wenn wir einfach nur Spaß haben und es uns völlig schnuppe ist, ob wir dabei unsere Art erhalten oder nicht. Trotzdem: Die gegenseitige Anziehung, die wir bei manchen – nicht bei allen – Flirts spüren, ist ganz grundlegend eine biologische Angelegenheit. Menschen, die wir attraktiv finden, erfüllen meist bestimmte Kriterien, die darauf hindeuten, dass dieser Mensch speziell für uns ein guter (Paarungs-)Partner wäre. Nehmen wir etwa den biochemischen Prozess der Pheromonwahrnehmung: Jeder Mensch verströmt an verschiedenen Körperstellen – etwa um den Mund herum – diese Pheromone genannten Sexuallockstoffe. Über ein spezielles Organ in unserer Nase, das Vomeronasalorgan, erkennen wir die Sexuallockstoffe des anderen, die Aufschluss darüber geben, ob wir – genetisch – so gut zusammenpassen, dass gemeinsame Nachkommen gesund wären. Wenn ja, riecht der andere «irgendwie sexy», und wir bekommen weiche Knie – und stellen uns dann plötzlich vielleicht doch vor, wie es wäre, diesen Mann zu küssen. Instinktiv wissen wir, dass etwas Sexuelles hinter der ganzen Flirterei steckt – das macht die Angelegenheit ja auch so spannend. Und das ist auch der Grund dafür, dass man durch einen Flirt zuweilen Eifersucht beim Partner provoziert. Oder dass man durch einen Flirt sein Selbstbewusstsein aufbauen kann, um sich als attraktive Frau – oder als attraktiver Mann – mit Chancen auf dem Markt der Geschlechter zu fühlen. Das Ganze funktioniert allerdings auch ganz hervorragend mit Leuten, mit denen man im Leben *nicht* ins Bett gehen würde, die man äußerlich *nicht* attraktiv findet, deren Pheromone man *nicht* mag. Wie das sein kann? Nun, Verhaltensforscher nennen einen solchen Flirt dann «Quasi-Werbeverhalten». In diesem Fall ist der Flirt ein reines Spiel, ein kulturelles Ausprobieren, dessen Regeln lediglich der Partnersuche entlehnt sind. Ähnlich dem Tango, der einen menschlichen Balztanz symbolisiert, den aber auch *nicht* ernsthaft aneinander Interessierte tanzen können. Wenn wir unseren Charme spielen lassen, um den Hausmeister zu überzeugen, dass die Schlüssel der zu vermietenden Wohnung am besten in unserer Hand aufgehoben wären, ist das ein legitimer Flirt. Ebenso, wenn man einen Flirt dafür einsetzt, am Türsteher vorbeizukommen. Wir selbst halten beim Flirt die Zügel in der Hand, niemand zwingt uns, etwas zu tun, was wir nicht möchten. Denn, man kann es nicht oft genug betonen: Flirten ist unverbindlich, sexueller Hintergrund hin oder her.

Körpersignale: Grüne Welle – oder bis hierher und nicht weiter?

Der Blickkontakt, insbesondere der zweite, dritte, vierte … ist ein ganz wichtiger Indikator dafür, wie Sie bei einem bestimmten Mann ankommen. Wenn dieser Mann wiederum sofort mit seiner Telefonnummer in der Hand angelaufen kommt oder Sie unmittelbar nach Ihrer ersten Begegnung zum Essen ins nächstliegende Nobelrestaurant einladen möchte, sollten Sie auch an seinem Interesse nicht mehr zweifeln. Ganz so deutlich zeigen allerdings die wenigsten Jungs, dass ihnen eine Frau gefällt. Das ist nicht weiter tragisch, denn die meisten verraten sich durch ihre Körpersprache. Gut für Sie! Frauen haben nämlich nachweislich ein größeres Talent als Männer, nonverbale Signale zu entschlüsseln: Das heißt, sie erkennen auch eher, wenn der Mann, den sie ins Auge gefasst haben, nicht interessiert ist, und handeln sich so seltener Abfuhren ein. Manche Männer versuchen ja oft selbst dann noch bei Frauen zu landen, wenn sie bereits einen höflichen oder auch direkteren Hinweis erhalten haben, dass sie mit der betroffenen Dame nicht rechnen können: «Willst du nicht mal nachsehen, wo deine Kumpels sich rumtreiben?» Jedenfalls so, dass jede außen stehende Beobachterin schon sagen würde: «Mensch, Junge, gib's auf. Die will nicht! Merk's doch!» Das würde Frauen nie passieren. Eher verfallen sie ins andere Extrem: Manchmal sind die Damen, gerade die schüchternen, übervorsichtig und trauen ihrem Bauchgefühl nicht. Zur Sicherheit gehen sie lieber davon aus, dass selbst ein Typ, der sie bereits mehrfach angelächelt hat, nichts an ihnen findet, anstatt auch nur das geringste Risiko einzugehen, einen Korb zu bekommen. Sind Sie auch so eine Kandidatin? Dann führen Sie sich bitte zwei Dinge vor Augen:

- Sagen Sie sich immer wieder, dass Männer Frauen nur sehr selten einen Korb geben, das haben sogar unterschiedliche wissenschaftliche Untersuchungen ergeben. Männer lassen sich – aus Neugier und Abenteuerlust – meist sogar dann auf eine erste Annäherung ein, wenn sie fest gebunden sind.
- Sie können Ihre Unsicherheit loswerden oder zumindest stark reduzieren, wenn Sie die nonverbalen Signale kennen, die ein grundsätzlich interessierter Mann aussendet.

Männliche Signale des Interesses

Bitte versetzen Sie sich in folgende Situation: Ein bestimmter Mann hat Ihre Aufmerksamkeit geweckt, Sie haben seinen Blickkontakt gesucht und gefunden. Aber nachdem er ein paar Mal zu Ihnen hinübergesehen hat, war's das plötzlich. Die Grübelei beginnt: Hat er nun doch kein Interesse? Ist er schüchtern? Habe ich etwas getan, was ihn abgeschreckt hat? Vielleicht hat er Sie angesehen, aber nicht gelächelt, was natürlich auch ein willkommener Anlass zu weiblichen Selbstzweifeln ist. Die üblichen Gedankengänge in solchem Fall: Findet er vielleicht, dass ich fett bin? Habe ich eine Laufmasche? Oh Gott, da ist ein Fleck, da hat er bestimmt hingeschaut! Ich hätte das andere Kleid anziehen sollen, Rot macht mich blass. Oder, falls Sie sich mit ihm unterhalten, fragen Sie sich mitten im Gespräch vielleicht: Spricht er nur aus Höflichkeit mit mir? Aus Geschäftsinteresse? Sieht er mir die ganze Zeit auf den kleinen Pickel auf der Stirn? – Die Liste könnte endlos fortgesetzt werden.

Warum lassen wir Frauen uns nur immer so leicht verunsichern? Damit ist jetzt jedenfalls Schluss! Deuten Sie einfach die Signale, die er aussendet. Es sei denn, Sie haben ihn so eingeschüchtert, dass er zur Salzsäule erstarrt ist und sich gar nicht mehr bewegt. Und dennoch: Manches, wie das unwillkürliche Rotwerden, kann auch ein Salzsäulen-Mann nicht willentlich beeinflussen. Gut für Sie. Je mehr der folgenden Signale Sie erkennen – ob nun in der ganz frühen Flirtphase oder bereits im Gespräch –, desto eher dürfen Sie vermuten, dass er an Ihnen interessiert ist und dass dieses Interesse echt ist. Im Einzelnen – zum Auswendiglernen:

- **Er orientiert sich in Ihre Richtung** Ein Mann, der Interesse an einer bestimmten Frau verspürt, orientiert sich meistens zu ihr, auch wenn er von ihr entfernt steht. Nehmen wir an, er befindet sich bei einer Betriebsfeier in einem Grüppchen etwas weiter weg von Ihnen und unterhält sich. Sie sind sich nun nicht sicher, ob er Sie mit den Blicken gemeint hat, die er zuvor in Ihre Richtung geworfen hat. Dreht er jetzt seine Körpervorderseite zu Ihnen und sieht immer mal wieder rüber? Bingo: Sie kommen an. Vielleicht dreht er auch nur sein Profil oder Halbprofil in Ihre Richtung und verfolgt Sie mit den Augen oder aus den Augenwinkeln. Auch nicht schlecht: Sie wirken attraktiv auf ihn, er wartet drauf, dass Sie den ersten Schritt tun (mehr dazu später). Umgekehrt gilt: Dreht er sich komplett weg, sollten Sie einen Flirt mit ihm vergessen.
- **Er verschränkt die Arme hinter dem Kopf** Bei Männern ist die so genannte Axillapräsentation – also das Zeigen der Achselhöhlen – eigentlich eine Dominanzgeste. Sie wird

aber Frauen gegenüber häufig eingesetzt, um Aufmerksamkeit zu erregen und Unsicherheit zu überspielen. Mit anderen Worten: Im Grunde fällt das Verschränken der Arme hinter dem Kopf in eine ähnliche Kategorie wie das pubertäre Gehabe von Jungs im tiefer gelegten Kleinwagen, die mit heruntergelassenem Fenster und heraushängendem Arm an ihrer Traumfrau vorbeicruisen: Es soll imponiert werden.

- **Er macht sich breit** Breitbeinig steht er vor Ihnen, die Daumen in den Hosentaschen, der Rest der Finger zeigt in Richtung seines besten Stücks. Er setzt sich raumgreifend hin, breitet einen Arm auf der Rückenlehne aus. Er hängt sich lässig an die Bar und nimmt damit mindestens den Platz dreier Frauen ein. Und das alles tut er, während er den Blickkontakt zu Ihnen hält. Bedeutet: Dieser Mann möchte Ihnen gefallen.
- **Das schnelle Augenbrauenheben** Diese Verhaltensweise ist auch als «Augengruß» bekannt. Dabei legt sich die Stirn in Falten, die Augen werden «größer». Flirtforscher beschreiben den Augengruß als Aufforderung. Wer die Brauen hebt, möchte, dass der oder die Gegrüßte sein/ihr Augenmerk auf sein unmittelbar folgendes Verhalten legt. Vielleicht darauf, was er nun sagt?
- **Er zieht nur eine Augenbraue hoch** Die zurückhaltende Variante des Augengrußes. Wer eine Augenbraue hochzieht, «grüßt» zwar nicht, signalisiert aber: Oh, ich habe da was gesehen, was mein Interesse geweckt hat.
- **Vor- und Zurückbeugen des Oberkörpers** Im Gegensatz zu Frauen zeigen Männer ihr Interesse, indem sie ihren Oberkörper vorbeugen und ihn dann wieder zurücknehmen, um ihn eine Weile später wieder nach vorn zu beugen … Natürlich ist hier kein Vor- und Zurückwanken wie bei einem an Hospitalismus leidenden Elefanten gemeint. Wenn Sie allerdings das Gefühl haben, Ihnen säße ein Zappelphilipp gegenüber, könnte das daran liegen, dass Sie den Mann derart beeindrucken, dass er einfach nicht mehr still sitzen kann.

- **Er legt den Kopf schräg** und blickt Sie leicht von unten an. Vielleicht kennen Sie diese Geste von Ihrem Hund oder Ihrer Katze. Männer legen diese putzige Verhaltensweise instinktiv an den Tag, wenn sie mit einer Frau sprechen, die ihnen gefällt. Wenn er Ihnen ebenso gefällt, werden Sie bei diesem Dackelblick, der meist mit einer in Falten gelegten Stirn und einem jungenhaften Lächeln einhergeht, dahinschmelzen wie Eis in der Sonne. Eigentlich handelt es sich um eine Unterwerfungsgeste: Dieses Männchen wird Sie nicht beißen. Zumindest jetzt noch nicht.
- **Nachahmung** Er trinkt, wenn Sie trinken, er setzt sich auf seinem Stuhl zurecht, wenn Sie Ihre Beine übereinander schlagen. Derartiges Nachahmungsverhalten signalisiert Sympathie. Große Sympathie!
- **Er wird rot** Rotwerden ist kein Privileg schüchterner Mädchen, Männer können genauso rot werden. Zwar ist Männerhaut dicker und oft auch etwas dunkler als weibliche Haut, und darum fällt die «rote Birne» bei den Herren etwas weniger auf. Sichtbar ist sie trotzdem: Achten Sie vor allem auf den Hals und die Ohren. Zeigen sich hier hektische rote Flecken, ist der Mann vielleicht gerade schon dabei, sich in Sie zu verlieben. Auf jeden Fall lassen Sie ihn nicht kalt. So viel ist sicher.
- **Er lacht mit Ihnen gemeinsam** Sie kennen sicher das wunderbare Gefühl, den gleichen Humor wie ein anderer Mensch zu haben. Daraus lässt sich ein für Männer und Frauen gleichermaßen geltendes Gesetz ableiten: Menschen, die gerne mit Ihnen lachen, die Ihre Bemerkungen lustig finden und über Ihre Witze lachen, mögen Sie. Sehr sogar! Da Verhaltenspsychologen Lächeln als schwächer ausgeprägte Form des Lachens betrachten, sagt Lächeln Ähnliches aus. Wenn ein Mann Sie also immer wieder anlacht oder -lächelt, ist das bereits ein hervorragendes Zeichen, um nicht zu sagen: *Das* Zeichen überhaupt!

Das waren die positiven Zeichen. Da wären jedoch auch noch einige nicht ganz so günstige Signale – die Sie aber sicher nur weniger zu sehen bekommen werden … Männer neigen übrigens weit weniger als Frauen dazu, alleine aus Höflichkeit in Interaktionen mit anderen Menschen – wie etwa ein Gespräch – einzusteigen. Trotzdem, Wissen schadet nie.

- **Er ist mental abwesend** Er lässt seinen Blick durch den Raum schweifen, obwohl Sie mit ihm sprechen, hört ganz offensichtlich nur mit halbem Ohr zu. Im günstigsten Fall denkt er darüber nach, wie er Sie am besten ins Bett kriegt. Vielleicht überlegt er aber auch, ob sein Wagen im Halteverbot steht. Möglicherweise sind Sie aber auch einfach nicht sein Fall. Vorsicht!
- **Er lächelt mechanisch** Er hört Ihnen zwar halbwegs zu, lächelt aber nur ab und an mechanisch und erscheint sonst unbeteiligt. Bedeutet vermutlich: Er ist nur höflicher als der obige Kandidat, im Prinzip läuft sein Verhalten aber auf das Gleiche hinaus: Es besteht kein Interesse, zumindest kein ausgeprägtes.
- **Er sieht starr woandershin** Sie hatten kurz Blickkontakt, und das war's. Er hat ganz schnell weggeguckt und hypnotisiert nun betont gelangweilt oder gar arrogant den Boden, oder starrt mit ernstem Gesicht aus dem Fenster. Vergessen Sie den Typen! Der hier hat Sie nicht verdient. Aber Achtung: Wenn er wegsieht und dabei lächelt – oder gegen ein unwillkürliches Lächeln ankämpft, was Sie an zuckenden Mundwinkeln erkennen – und/oder knallrot wird, bedeutet das häufig: Der Mann ist nicht arrogant, nur schüchtern. Sie dürfen ruhig einen Vorstoß wagen.
- **Er lehnt sich zurück und verschränkt die Arme vor der Brust** Eine Ablehnungsgeste, die überall auf der Welt verstanden wird. Kann in Einzelfällen auch Unsicherheit ausdrücken. (Mehr dazu lesen Sie weiter unten im Abschnitt «Ihr Körper spricht – aber was sagt er nur?»)

- **Eine Frau** Er hat erst mit Ihnen geflirtet, gelächelt, den Kopf schräg gelegt. Alles wunderbar. Und plötzlich, von einer Sekunde auf die andere – nichts mehr. Gar nichts. Kein Blick, kein Lächeln. Stattdessen ist da diese andere Frau bei ihm. Vermutlich seine Freundin. Vielleicht auch nur eine Freundin seiner Freundin. Oder deren Schwester. Für Sie macht das keinen Unterschied: Dieser Mann möchte seine Beziehung nicht riskieren und will nicht, dass jemand seinen Fremdflirt mitbekommt. Suchen Sie sich ein neues Zielobjekt! Hier weiterzumachen oder zu warten, bis die andere weg ist, ist doch allzu unbefriedigend!

Ihr Körper spricht – aber was sagt er nur?

Genauso wie Sie an der Körpersprache des Mannes bestimmte Dinge ablesen können, «kommuniziert» natürlich auch Ihr Körper pausenlos. In den meisten Fällen werden Sie, wenn Sie an einem Mann Interesse haben, sowieso alles richtig machen. Das heißt: Ihr Körper tut von allein, was getan werden muss! Wenn Sie zum Beispiel verlegen mit Ihren Haaren oder dem Stiel Ihres Weinglases spielen, Ihren Körper in Richtung eines Mannes drehen, Ihre Schultern straffen, sanft erröten oder ganz von selber grinsen wie ein Honigkuchenpferd, signalisiert all das, dass Sie da jemanden verdammt attraktiv finden.

Vielleicht sind Sie aber ein sehr unsicherer oder extrem kontrollierter Mensch. Vielleicht haben Sie immer das Gefühl, dass Sie beim Flirten (oder auch in anderen Situationen) nie so ankommen, wie Sie es gerne möchten. Vielleicht stoßen Sie auf Ablehnung, wenn Sie eigentlich freundlich gestimmt sind. In diesen Fällen kann eine Beschäftigung mit Ihren eigenen Körpersignalen lohnen.

Im Folgenden finden Sie häufige **Unsicherheitsgesten**, die einen Flirt erheblich sabotieren, weil sie Ihr Gegenüber irritieren und verunsichern können. Und nicht nur das: Sie behindern sie auch in jeder anderen Situation, in der Sie mit Menschen zu tun haben und jemanden von sich, Ihren Ansichten, Produkten, Ihren Wahlversprechen oder was auch immer überzeugen möchten:

Don't I: Die Armschranke – und andere Barrieren

Menschen verschränken vor allem dann ihre Arme, wenn sie sich vor anderen Menschen oder ungewohnten Situationen schützen wollen. Die Arme bilden einen Schild und schirmen auf diese Weise von der Umwelt ab. Gleichzeitig ist damit das Problem «Was tu ich bloß mit meinen Händen?» erst mal gelöst. Trotzdem: Was für einen Türsteher die normale Arbeitsposition ist, ist dem Erfolg im Flirt (oder beim Verkaufsgespräch/Vorstellungsgespräch/Vortrag/Plädoyer etc.) abträglich, weil es signalisiert: Mit dir will ich nichts zu tun haben, lass mich lieber in Ruhe. Oder, schlimmstenfalls: Ich habe was zu verbergen. Hand aufs Herz: Würden Sie einem Rechtsanwalt glauben, der die Arme verschränkt, während er zusammenfasst, warum sein Klient unschuldig ist? Würden Sie einen Gebrauchtwagen kaufen, wenn der Verkäufer die Arme verknotet, während er Ihnen versichert, das Auto sei tadellos in Ordnung? Würden Sie einem Mann glauben, der zu Ihnen «Ich liebe dich» sagt, wenn er dabei die Arme vor der Brust gekreuzt hält? Wohl kaum. Wenn Sie also mit verschränkten Armen im Café, in der Abflughalle oder im Bahnabteil sitzen, müssen Sie sich nicht wundern, wenn der süße Typ, dem Sie sogar noch aufmunternd zugelächelt haben, keinen Finger rührt, um mit Ihnen in Kontakt zu kommen.

Besser:

- Achten Sie auf eine offene Körperhaltung, insbesondere beim Oberkörper. Orientieren Sie sich möglichst mit Ihrem gesamten Körper in Richtung Ihres Gegenübers (geht natürlich nicht, wenn Sie nebeneinander in der Achterbahn sitzen oder beim Friseur benachbarte Sessel haben).
- Sollten Sie an einem Tisch sitzen, legen Sie die Unterarme in offener Haltung (etwa schulterbreit) darauf – denn unter der Tischplatte versteckte Hände signalisieren, dass Sie etwas zu verbergen haben. Und das haben Sie doch nicht, oder?
- Wenn es Ihnen Sicherheit gibt: Halten Sie sich mit einer (!) Hand ruhig an Ihrem Glas, Ihrer Tasse oder Flasche fest. Aber widerstehen Sie dem Impuls, an Flaschenetiketten, herunterlaufendem Kerzenwachs oder Ritzen im Holztisch herumzuknibbeln. Gleiches gilt fürs Kneten der Hände, Nägelkauen, Zupfen an der Nagelhaut und Ähnliches in dieser Richtung. Das mag Sie selbst beruhigen, macht aber Ihr Gegenüber garantiert nervös.
- Abgesehen von Ihrem Getränk sollten Sie dafür sorgen, dass möglichst wenig zwischen Ihnen und dem anvisierten Mann steht – und zwar im wortwörtlichen Sinne: Schieben Sie also Kerze, Blumenvase, Aschenbecher, Eiskarte oder was auch immer im Weg sein sollte, unauffällig (!) ein wenig zur Seite. Aber am besten nicht alles auf einmal …
- Wenn Sie zusammen an einer Theke stehen, drehen Sie sich seitlich zur Bar, in Richtung Ihres Flirt- beziehungsweise Gesprächspartners und legen Sie nur einen Arm auf den Tresen. Wenn Sie mit dem Barmann *hinter* der Theke flirten, sollten Sie sich natürlich zur Bar umdrehen und können beide Arme darauf platzieren.
- Finden Sie es zu viel verlangt, im Stehen Ihre Hände ruhig zu halten, wenn Sie die Arme nicht verschränken? Dann stecken Sie die Hände in Ihre hinteren (!) Hosentaschen – das öffnet den Oberkörper – oder hängen Sie die Daumen seitlich hinten in Ih-

ren Gürtel oder Hosen- bzw. Rockbund ein. Denn wenn Sie sie komplett in den vorderen Hosentaschen versenken, haben Sie die Hände nicht nur wieder als Barriere zwischen sich und Ihrem Gesprächspartner, obendrein sinken dabei auch fast automatisch Ihre Schultern. Nun ja, es sei denn, sie ziehen sie aus Verlegenheit nach oben, während Ihr Kopf dazwischen versinkt. Beides sieht nicht wirklich gut aus und signalisiert nur eines: Unsicherheit.

- Falls Sie der direkte Augenkontakt mit Ihrem Gegenüber zu nervös macht, probieren Sie doch einmal, dem Herrn zwischenzeitlich auf die Nasenwurzel oder eine Augenbraue statt in die Pupillen zu schauen. Das fällt nicht weiter auf und gibt Ihnen Sicherheit.
- Grundsätzlich gilt die Regel, dass eine offene Körperhaltung auch mentale Offenheit signalisiert, natürlich auch für den Unterkörper. Dennoch wird in unserer Gesellschaft eine Frau mit übereinander geschlagenen Beinen nicht unbedingt als Frau in Abwehrhaltung wahrgenommen. Dass Frauen die Beine elegant übereinander schlagen, vor allem, wenn sie einen Rock tragen, ist selbst im Flirt akzeptiert. Umso wichtiger ist es, mit dem Oberkörper Offenheit zu signalisieren. Was Ihre Beine betrifft, achten Sie lediglich darauf, dass Ihre Fußspitzen in Richtung Ihres Gegenübers zeigen, sofern das möglich ist.

Don't II: Hand vor dem Mund Was beim Gähnen und Niesen geboten ist, ist beim Sprechen verboten. Durch die Hand vor dem Mund wird signalisiert: Hier soll etwas verborgen werden. Menschen, die beim Sprechen die Hand vor den Mund halten, etwa, indem sie das Kinn auf ihren Unterarm und in ihre Handfläche stützen und die Finger wie einen Maulkorb vor die Lippen legen, sind nicht nur extrem schlecht zu verstehen, sie wirken darüber hinaus auch unehrlich. Und das selbst dann, wenn sie nichts als die Wahrheit, die reine Wahrheit sagen.

Besser:

- Ihr Kopf fällt nicht ab, wenn Sie ihn nicht tragen, stützen Sie darum erst gar nicht Ihr Kinn in die Handfläche. Dann kommen Sie nicht in die Verlegenheit, die Finger vor den Mund zu strecken oder gar darauf herumzukauen – und wirken auch nicht so entsetzlich gelangweilt, dass Ihr Gegenüber befürchten muss, Sie fallen gleich in den Tiefschlaf.
- Falls Sie die Hand lediglich vor den Mund halten, weil Sie befürchten, dass Sie Mundgeruch oder einen Mohnkrümel zwischen den Zähnen haben, macht das die Sache nicht unbedingt besser. Im Falle des stecken gebliebenen Mohnkörnchens suchen Sie besser kurz einen Spiegel zur Kontrolle auf. Falls Sie fürchten, eine Geruchsbelästigung zu sein, besorgen Sie sich irgendwo ein Pfefferminz- oder Eukalyptusbonbon oder ein Glas Milch. Milch wirkt geruchsbindend. Verzichten Sie in Zukunft vor Rendezvous oder wichtigen Terminen auf geruchsintensive Speisen mit Knoblauch oder Zwiebeln und vergessen Sie nicht, vorher Zähne und Zunge gründlich zu putzen und Zahnseide zu benutzen …

Don't III: Geschlossene Augen oder abwesender Blick

Menschen, die im Gespräch die Augen schließen und nicht gerade irgendein angesagter Guru sind, der seinen Jüngern ein beschwörendes Mantra vorsingt, erscheinen unhöflich und gelangweilt. Manchmal sogar etwas durchgeknallt, entrückt oder volltrunken. Jedenfalls nicht unbedingt als angenehme Gesprächspartner. Und das leider auch dann, wenn sie die Augen lediglich schließen, weil sie unsicher sind und sich sammeln wollen.

Besser:

- Wenn Sie die Lider schließen *müssen*, weil Sie vielleicht Rauch oder ein kleines Insekt ins Auge bekommen haben, bitten Sie Ihren Gesprächspartner unbedingt um Entschuldigung und um eine kurze Pause. Sagen Sie zum Beispiel: «Moment, entschuldige, ich hab da ein kleines Problem.» Wenn sich die Sache nicht schnell beheben lässt, verschwinden Sie lieber kurz zur nächsten Toilette, um sich den Fremdkörper mit Wasser aus dem Auge zu spülen, anstatt die nächsten zwei Stunden immer wieder die Augen zuzukneifen oder daran herumzureiben.
- Falls Sie permanenter Augenkontakt unruhig macht, sehen Sie zwischendurch immer mal wieder auf den Mund Ihres Gesprächspartners. Statt in die Augen können Sie auch, wie oben bereits erwähnt, auf die Nasenwurzel oder auf eine Augenbraue sehen. Ihr Gegenüber wird gar nicht bemerken, dass Sie ihm nicht in die Augen blicken.
- Und wenn Sie so müde sind, dass Sie nicht mehr zuhören können, gehen Sie ins Bett. Alles hat seine Zeit.

Don't IV: Versteinertes Gesicht Einerseits ist es ja verständlich, dass Sie nicht aussehen möchten wie eine dieser debil dauergrinsenden Dumpfbacken-Moderatorinnen aus dem Privatfernsehen. Oder wie eine höfliche und leicht verzweifelte Japanerin, die Sie gerade in Tokio auf Niederbayrisch nach dem Weg zum Flughafen gefragt haben. Wenn das aber zur Folge hat, dass Sie überhaupt nicht lächeln, sondern – im Gegenteil – so ernst dreinblicken wie die Vorsitzende eines Krisenstabes, weil zwischenmenschliche Interaktionen im Allgemeinen und Flirts im Besonderen Sie exorbitant anstrengen, ist das der Flirtkiller schlechthin. Lehnen Sie sich dabei obendrein auch noch mit Ihrem Oberkörper zurück, können Sie besser gleich ganz nach Hause gehen.

Besser:

- Sie müssen sich kein Betonlächeln ins Gesicht meißeln, aber immer mal wieder ein Lächeln die Mundwinkel umspielen zu lassen, macht Sie doch deutlich sympathischer als ein betroffener Gesichtsausdruck à la Prüfabteilung vom Finanzamt. Das hatten Sie bereits geahnt, und es war ja schon zur Genüge davon die Rede, dass Lächeln ein wichtiges Element des Flirts ist? Nun, dann erfahren Sie jetzt vielleicht etwas Neues:
- *Kombinieren Sie nämlich Ihr Lächeln auch noch mit einem leichten Nach-vorn-Lehnen des Körpers, benutzen Sie damit die körpersprachliche «Redewendung», die Männer bei Frauen am sympathischsten finden.* Hier gehen die Vorlieben der Geschlechter übrigens ein wenig auseinander: Bei Frauen kommt es nicht gut an, wenn Männer sich zu ihnen hinüberlehnen, sie finden dieses Verhalten oft aufdringlich.

Don't V: Der Ton ist abgedreht Männer finden Frauen anziehend, mit denen sie gemeinsam lachen können. Mit anderen Worten, die über einen ähnlichen Humor verfügen. Frauen lachen interessanterweise in Anwesenheit eines Mannes, den sie sehr attraktiv finden, nachweislich häufiger als in Gegenwart eines als unattraktiv eingeschätzten Mannes. Dabei sollten Sie wissen: Männer mögen nach verschiedenen Untersuchungen Frauen nicht, die quasi «ohne Ton» lachen. Warum das so ist, darüber lässt sich nur spekulieren: Wahrscheinlich mutmaßen die Herren mal wieder, dass hinter dem abgedrehten Ton etwas verborgen werden soll und sie hinters Licht geführt werden.

Besser:

Wo ein Lachen ist, da sollte auch ein Geräusch sein. So einfach ist das.

So sprechen Sie Männer an

Das Ansprechen ist für viele ein heikler Schritt. Oft sind Flirts nach ein paar Blicken und einem Lächeln schon wieder vorbei – wenn man sich nur kurz auf der Straße begegnet oder an der Ampel im Auto nebeneinander steht. Viele von diesen Mini-Flirts könnten aber noch weitergehen, wenn sich nur einer der beiden trauen würde, dem einmal eingeschlagenen Weg noch ein Stück zu folgen. Wenn Sie sich entschieden haben, jeden Tag zu einem Flirttag zu machen, werden Sie wissen wollen, wo dabei Fallen lauern und was Sie beachten müssen, um das beste Flirtergebnis zu erhalten. Lesen Sie einfach weiter!

Immer locker bleiben: die Unverbindlichkeitsregel

> «Ich muss immer das Gefühl haben, ich komme auf eigenen Wunsch noch aus der Nummer raus, sonst kriege ich Panikattacken und verlasse sofort das Land!»
>
> Tobias, 29, Radiomoderator

Bevor Sie sich einem Mann mit einer wie auch immer gearteten Äußerung nähern, sollten Sie sich über die wichtigste Bedingung des Flirts im Klaren sein. Flirtforscher, die mit versteckter Kamera flirtende Männer und Frauen beobachtet haben, fanden heraus, dass erfolgreiche Flirts – will sagen: Flirts, die zustande kamen und nicht sehr früh von einer der beiden Parteien abgeblockt wurden – mit wenigen Ausnahmen ein Merkmal gemeinsam hatten: *die Unverbindlichkeit*. Zwar konnte man bei den Flirtenden zahlreiche nonverbale

Flirtanzeichen beobachten, wie zunächst den wiederholten Tausch von Blicken und wechselseitiges Lächeln; später im Gespräch dann Verlegenheitsgesten wie das Reiben des Nackens oder des Kinns, das Drehen von Haarsträhnen, den «Dackelblick» bei den Herren und so weiter und so fort. Flirtenden wie Beobachtern ist auch (fast) immer klar, dass gerade geflirtet wird. Trotzdem verwenden beide Parteien anfangs sehr viel Sorgfalt darauf, das Gespräch als solches neutral zu gestalten, ohne irgendwelche Zweideutigkeiten – als Fachsimpelei über die neuesten Strömungen im Hip-Hop vielleicht oder als Austausch über das beste auf dem Markt befindliche Hundefutter, sofern es sich um zwei flirtende Hundebesitzer handelt.

Wozu das Versteckspiel, werden Sie jetzt vielleicht fragen. Es ist doch paradox, einerseits Flirtsignale auszusenden und andererseits, wenn man dann miteinander spricht, so zu tun, als wüsste man von nichts. Das stimmt aus einer gewissen Perspektive natürlich. Das Ganze hat allerdings einen einfachen Grund: Auf diese Weise haben alle Beteiligten jederzeit die Möglichkeit, aus dem Flirt wieder auszusteigen, ohne sich rechtfertigen zu müssen.

Die Unverbindlichkeitsregel Wer die Kunst des Flirtens beherrscht, hält sich immer ein Hintertürchen offen! Besonders in der frühen Phase eines Flirts ist es außerordentlich wichtig, dass Sie Ihren Flirt tarnen. Das heißt im Grunde nur, dass Sie den Flirt als solchen und Ihr Interesse an Ihrem Gegenüber weder in Ihrer Anmache noch im anschließenden Gespräch zum Thema machen. Konkret bedeutet das zum Beispiel: Auswendig gelernte Flirtsprüche sind absolut tabu, ebenso Sätze wie «Du, ich würde dich gerne kennen lernen» oder «Sag mal, hast du 'ne Freundin?». Jede allzu eindeutige Aktion führt – das belegen soziologische Beobachtungen – zum Rückzug der ins Visier genommenen Person! Im Gegensatz dazu ermöglicht eine unverbindliche Kontaktaufnahme – wie die funktioniert, lesen Sie weiter unten – den Flirtenden, ohne

Verpflichtungen Informationen über den anderen zu sammeln. Schließlich will man sich nicht zu früh auf irgendetwas oder irgendwen festlegen. Wer weiß, was das so für einer (oder eine) ist – das muss doch erst mal geprüft werden! Darüber hinaus ermöglicht es die Unverbindlichkeit, den Flirt jederzeit ohne Gesichtsverlust und ohne besondere Rechtfertigung abzubrechen und so zu tun, als hätte man etwas ganz anderes gemacht. Das hat nichts mit Schauspielerei zu tun: Sie geben schließlich nicht vor, jemand anderer zu sein. Sie bewahren sich nur eine Möglichkeit zur Flucht. Im Grunde ist es wie mit den Filmen im Pay-TV-Kanal eines Hotels: Man darf erst mal ein wenig hineinschnuppern, bevor man sich festlegt, ob man den Film ganz sehen will oder ob man doch lieber einen anderen – oder gar keinen – wählen möchte.

Sie finden das unehrlich? Sie möchten geradeheraus Ihre Absichten kundtun, zum Beispiel, dass Sie genau diesen Mann da drüben jetzt unbedingt kennen lernen möchten? Das kann Ihnen natürlich niemand verbieten. Aber wenn Sie nicht den gewünschten Erfolg erzielen, sagen Sie nicht, wir hätten Sie nicht gewarnt. Denken Sie daran: Ihr Körper wird – sofern Sie nicht völlig verkrampfen – dem Herrn Ihrer Wahl sowieso ziemlich unmissverständlich verraten, was Sie von ihm halten. Allerdings ohne, und das ist der Vorteil, dass man(n) Sie darauf verpflichten kann, wenn Sie Ihre Meinung ändern. Oder haben Sie schon mal gehört, dass jemand gesagt hat: «Hey, du hast mir eben in die Augen geguckt, dein Haar zurechtgelegt, und deine Fußspitzen haben auf mich gezeigt, da bin ich aber ziemlich sauer, wenn du jetzt nicht mitkommst!» Nun? Wohl kaum! Wenn Sie allerdings mit Worten zugegeben haben, mehr von einer bestimmten Person zu wollen – vielleicht sogar schon mit dem allerersten Satz –, ist es viel schwerer, aus der Sache ohne Schwierigkeiten wieder herauszukommen. Sehen Sie Flirten als Paartanz. Beim Tanzen sollte man sich auch an bestimmte Schritte halten, sonst tritt man sich womöglich auf die Füße. Es sei denn, einer von beiden übernimmt unmerklich die Führung. Also, auch wenn das Interesse an diesem athletischen Mann mit den bezaubernden Grübchen groß ist: Sie sind gut beraten, dieses Interesse zunächst nicht explizit zum Thema zu machen, indem Sie zum Beispiel sagen: «Ich finde dich toll, ich möchte dich gerne kennen lernen.» Das ist zwar ehrlich, aber unter Umständen ein etwas frühzeitiges Geständnis. Lassen Sie sich und dem anderen die Chance, in der «Tarn-Phase» das erste Scan-Ergebnis mit Detail-Informationen zu ergänzen. Prüfen Sie doch erst mal wichtige Eckdaten. Was hat der Mann für einen Humor? Hat er überhaupt Humor? Ist er schlau? Gebildet? Hat er Mundgeruch? Passt sein Musikgeschmack zu Ihrem? Und seine politischen Ansichten? Vielleicht überlegen Sie auch: Soll ich ihm am Ende des Abends meine Telefonnummer geben?

Warum «originelle» Flirtsprüche nicht funktionieren können Es gibt etliche Bücher mit angeblich «todsicheren» Flirtsprüchen. Sie müssen lediglich das Buch kaufen, die Sprüche auswendig lernen – und schon kriegen Sie *alle*. Mit «alle» sind fast immer «alle Frauen» gemeint, denn diese Ratgeber richten sich fast ausschließlich an Männer. Dass das schon allein deswegen nicht funktionieren kann, weil sich a) nicht alle Frauen über einen Kamm scheren lassen und b) sie auch ganz gerne ein Wörtchen mitreden, bevor sie sich von jedem ungepflegten Vollidioten flachlegen lassen, nur weil der zufällig ein Buch über Hyper-Verführung gelesen und ein «magisches» Sprüchlein aufgesagt hat, liegt auf der Hand.

«Originelle» Anmachen missverstehen sich oft als humorvoll. Dabei ist Humor sehr viel mehr als ein auswendig gelernter Spruch mit mehr oder minder Beifall heischender Pointe im Stil von: «Ich bin neu in der Stadt. Würdest du mir den Weg zu deiner Wohnung zeigen?» Originelle Flirtsprüche funktionieren nur in Ausnahmefällen, weil sie mehrere wichtige Aspekte eines Flirts sträflich missachten. Die Fehler im Einzelnen:

- Unverbindlich ist hier gar nichts. Der (oder die) Angesprochene muss sich augenblicklich entscheiden: Will ich was von dieser Person – oder nicht? Im Zweifelsfall entscheidet man sich für die Ablehnung, das ist eine natürliche menschliche Reaktion. Wer weiß, wen man sich sonst einhandelt?
- Auswendig gelernte Flirtsprüche sind immer gleich und haben deswegen nichts mit der Situation zu tun. Sie wirken darum meistens gestelzt – eben auswendig gelernt.
- Das Schlimmste an der Sache ist allerdings: Diese Sprüche haben auch nichts mit der angesprochenen Person zu tun. Sie würdigen nicht die Einzigartigkeit des Gegenübers, wirken darum alles andere als charmant und verletzen jede Eitelkeit. Die oben angeführte Beispielfrage ist universell anwendbar und genau deswegen zum Scheitern verurteilt. Denn die unvermeidliche Schlussfolgerung des Angesprochenen/der Angesprochenen wird lauten: Wie vielen wird die Frage wohl noch gestellt worden sein? Und vor allem: zu welchem Zweck?
- Nächste Schlussfolgerung: Für wie dumm hält der mich eigentlich? Und das war's dann meistens schon.

In Studien wurden mehrere Dinge bezüglich der «originellen» Anmachen herausgefunden. Erstens: Viele Männer glauben tatsächlich, dass sie besonders wirksam sind. Zweitens: Frauen werden lieber indirekt angesprochen. Drittens: «Witzige» Anmachsprüche funktionieren nicht. Was zu beweisen war!

Komm mal rüber, Mann – weil ich ein Mädchen bin?

«Wenn mich einer wirklich interessiert, werde ich unsicher. Da muss ich schon ein Gläschen intus haben, um ihn wirklich anzusprechen. Dazu habe ich mich auch schon mal gezwungen, aber mit mäßigem Erfolg. Ich frage mich immer, warum das bei manchen Frauen so gut klappt. Bei mir jedenfalls nicht, vielleicht, weil ich nicht daran glaube, dass Männer das gut finden, wenn die Frau nicht von ihnen erobert wird, sondern selbst erobert. Der Mann ist doch ein Jäger, und die Frau muss Trophäe sein. Oder?»
Christine, 37, Journalistin

«Die Hauptschwierigkeit für Frauen beim Flirten ist meiner Ansicht nach: Wie wirkt man interessiert, aber nicht gleich ‹läufig›? Trotzdem: Ich habe alle meine Männer angesprochen! Immer aus dem Bauch raus, immer ziemlich frech! Und meistens mit Erfolg. Mir blieb auch nichts anderes übrig: Von selbst haben mich immer nur Deppen und Ekelpakete angesprochen. Die Interessanten haben sich nie getraut.»
Claudia, 36, Designerin

«Ich denke, die Männer wollen mittlerweile lieber erobert werden. Wenn sie sich überhaupt etwas trauen, stehen sie oft nur in der Nähe rum, gucken und scheinen die Sprache verloren zu haben.»
Josephine, 23, Studentin

Diese Zitate zu den Themen «Ansprechen» und «erster Schritt» zeigen vor allem eins: Klarheit herrscht in dieser Angelegenheit nicht, ganz besonders nicht bei den Mädels. Für Frauen ist dieser Punkt auch besonders diffizil: Traditionsgemäß haben sie sich bislang ansprechen lassen. Das Gefühl sagt ihnen zwar, dass diese Rollenverteilung nicht mehr sonderlich zeitgemäß ist, aber wie sie selber am besten die Initiative ergreifen können, wissen sie häufig noch nicht. Das hat natürlich Gründe. Wenn es darangeht, verbal den Kontakt zu einem Mann aufzunehmen, fühlen sich viele Frauen mental in die spießigen 50er Jahre zurückkatapultiert. Sie sind unsicher, aller Emanzipation und Modernität zum Trotz. Oder besser gesagt: Gerade wegen der Emanzipation und Modernität, weil Frauen von heute – eigentlich – von sich erwarten, die Sache im Griff zu haben und nicht darauf zu vertrauen, dass Männe es schon richten wird. Eine Erwartung, die ziemlich oft enttäuscht wird.

Interessanterweise werden vor allem sehr selbstbewusste und erfolgreiche Frauen, die ansonsten ihr tägliches Leben mit Bravour meistern oder in vertrauter Umgebung gern ein großes Herz und eine ebenso große Klappe beweisen, in Gegenwart eines attraktiven Mannes oft stumm und reglos wie eine Parkuhr. Weil der richtige Plan fehlt. Weil sie irgendwo tief drin das Gefühl haben, es wäre irgendwie falsch, jetzt etwas zu unternehmen. Zumindest, wenn sie es offensiv und für alle Außenstehenden erkennbar tun. Gleichzeitig ärgern sie sich: Was ist denn mit mir los? Wir leben doch nicht mehr im vorletzten Jahrhundert! Warum sollte ich denn keinen Mann ansprechen? Aber wenn ich das tu, wirke ich dann nicht irgendwie so, als bekäme ich keinen ab? Ergebnis: Die betreffende Frau tut nichts oder bestellt erst mal ein weiteres alkoholisches Getränk. «Dann trau ich mich», sagt sie sich. Und zu einem Glas Wein kommt noch eins und noch eins – bis ihr alles egal ist, auch der komische Typ. Was will der überhaupt? Egal, sie muss dringend ins Bett … – kein gutes Konzept, das wird wohl einleuchten. Andere Frauen, gerade die besonders Unsicheren, schieben den Jungs von vornherein, wie eh und je, die Rolle des Aktiven zu, weil's zunächst einfach viel bequemer ist: Pah, ich bin die Frau, soll er mich doch ansprechen! Trauen sich die Damen meistens noch, mit Blicken und Augenaufschlägen zu jonglieren, sind sie ratlos, wie es danach weitergehen soll. Vor allem, wenn der Mann ganz offenbar nicht kapiert, was sie gerne von ihm hätte. Wenn er auf sie zukommt, ist alles in Butter, tut er es nicht, ist die Enttäuschung groß.

Da hilft nur eins: Ein Konzept für den ersten Schritt!

NUR MUT: MÄNNER WOLLEN, DASS FRAUEN SIE ANSPRECHEN! Das betonen die meisten Herren immer wieder. Manche Männer sind sogar darauf angewiesen, weil sie angesichts der so genannten «modernen Frauen» völlig verunsichert sind und nicht (mehr) genau wissen, wie die Rollenverteilung im modernen «Mann sucht Frau – Frau sucht Mann»-Spielchen aussieht – nicht ahnend, dass die Frauen mindestens ebenso irritiert sind. Alles entscheidend ist allerdings das «Wie» bei dieser Angelegenheit. Frauen sollten mit ihrer Anmache nicht Dinge kommunizieren, die sie überhaupt nicht kommunizieren wollen. Etwa, dass sie verzweifelt auf der Suche nach einem sie mit seinem Liebesstab beglückenden Männchen sind. Nur so als Beispiel. Männer sind manchmal nämlich ganz schön gespaltene Persönlichkeiten, was die Einschätzung von Frauen betrifft, und werden da zuweilen zum Opfer ihrer eigenen trudelnden Hormone und unterstellen den Frauen ihre eigenen Absichten. Berühmt der unter Männern geäußerte Satz: «Die legt's doch drauf an, flachgelegt zu werden, das merk ich doch.» Und «die» hatte eigentlich nur eine nette flirtige Plauderei im Sinn, während daheim ihr geliebter Mann mit dem Abendessen auf sie wartet.

Wie gesagt: Das «Wie» des Ansprechens ist das Allerwichtigste! Und da gibt es ein paar Möglichkeiten – je nach persönlichem Temperament und Situation. Entdecken Sie sie!

Agieren Sie «undercover»!

«Ich bin selbst kein Anquatscher, mir ist es lieber, wenn die Frauen den ersten Schritt tun. Aber bitte unverfänglich und trotzdem interessiert. Mit irgendwas auf die Situation Bezogenem eben – und wenn sie mich nur nach der Zeit fragen. Wie genau man sich kennen lernt, ist am Ende doch eh egal.»
Mirko, 24, Student

«Am nettesten sind Flirts immer dann, wenn sie aus Alltagssituationen entstehen. Man trifft zum Beispiel auf einer Party im Freundeskreis eine bislang unbekannte Frau und kommt zwanglos ins Gespräch, das sich mit aufkeimender Sympathie zum Flirt entwickelt. Wichtig sind mir dabei natürlich Blicke und Lächeln. Irgendetwas sollte mir zumindest das Gefühl geben, dass ihr Interesse über die Konversation hinausgeht.»
Oliver, 33, Bankkaufmann

Die folgenden Methoden zählen zu den unverbindlichsten zwischenmenschlichen Annäherungsweisen überhaupt – und doch sind sie wunderbar effektiv. Vermutlich haben sich auf diesem Weg die meisten Paare oder Flirtpartner kennen gelernt.

Das Geheimnis dieser Anmachen (die eigentlich diesen abschätzigen Namen nicht verdient haben): Sie sind über jeden Verdacht erhaben, weil sie niemand für eine Anmache halten würde. Zum Beispiel:

... die höfliche Bitte um Auskunft Sie ist skandalös unoriginell, kein bisschen frech und gerade deswegen so wirksam. Den Mann, mit dem Sie gerne flirten möchten, etwas Unverfängliches zu fragen, ist ein hervorragender Schachzug. Will er nicht als unhöflicher Klotz gelten, und das möchten ja glücklicherweise die wenigsten, wird er Ihnen antworten. Die Klassiker der genial banalen Ansprachen sind natürlich «Hast du vielleicht Feuer?», «Ist hier noch frei?» und «Können Sie mir sagen, wie spät es ist?». Weitere Möglichkeiten: «Entschuldigen Sie, können Sie mir vielleicht sagen, wo die Getränke stehen?», «Weißt du, wo die Toiletten sind?», «In welche Richtung fährt die 3 an diesem Gleis?» oder «Ist dieser Platz besetzt?» Und so weiter. Sie brauchen sich nicht zu schämen, so etwas vermeintlich Dämliches zu fragen, nur, um jemanden kennen zu lernen. Sie müssen Ihren megakritischen und stets superwitzigen und schlagfertigen Freundinnen, deren Augenrollen Sie schon vor sich sehen («Oh Gott, *das* hast du zu ihm gesagt?») ja nichts davon erzählen. Diese Fragen sind vielleicht unspektakulär, aber keineswegs dumm. Denn trotz ihrer Unverfänglichkeit sorgen Bitten um Auskunft immer für unmittelbaren Blickkontakt, der, wie Sie wissen, eine der Grundvoraussetzungen des Flirts darstellt. Wenn Sie ein glücklich liiertes Paar fragen, wie es sich kennen gelernt hat und beide Partner zwar noch wissen, wo und wann es passiert ist, aber ratlos sind, wenn sie Auskunft über den ja ganz offensichtlich erfolgreichen Anmachspruch erteilen sollen, sind sie sehr wahrscheinlich über eine unauffällige Frage in Kontakt gekommen. Sonst würden sie sich wohl erinnern. Einziger Nachteil der bisher angeführten Erkundigungen: Sie sind zumeist mit einem Satz oder manchmal auch nur einem Wort erschöpfend beantwortet. Zwar *kann* sich ein weiter führendes Gespräch anschließen, aber zwingend notwendig ist das nicht. Noch besser funktioniert die Sache darum, wenn Ihre Bitte um Auskunft in die folgende Kategorie fällt:

... OFFENE FRAGEN Auf offene Fragen kann der Angesprochene, zumindest theoretisch, mit längeren Ausführungen antworten. Das verlängert den Blickkontakt und die Informationssammelphase. Und zwar für beide potenziellen Flirtpartner: Sie haben Zeit, sich genau zu überlegen, ob Sie den Kontakt vertiefen möchten oder ob Sie es lieber bei der Frage belassen. Beziehen Sie sich mit letzterer auf die Situation, in der Sie sich beide befinden. Sich einen Weg genau erklären zu lassen ist beispielsweise schon mal viel besser als einfach nur zu fragen: «Geht's hier lang zum Neumarkt?» Oder, sagen wir, Sie sitzen in einem Zugabteil, und der Fremde mit den schönen Händen Ihnen schräg gegenüber liest einen Roman von Paul Auster. Sie können nun Interesse zeigen (oder vielleicht auch nur vorschützen), indem Sie zum Beispiel behaupten: «Entschuldigung, Sie lesen Auster. Den wollte ich mir auch immer schon einmal vornehmen, aber irgendwie bin ich nie dazu gekommen. Ist er so schwierig zu lesen, wie einige behaupten?» Es ist ziemlich unwahrscheinlich – in etwa so unwahrscheinlich wie von einem Meteoriten getroffen zu werden –, dass er Sie als Antwort auf so eine freundliche Frage anherrscht und darauf hinweist, dass er doch lese und nicht gestört werden wolle (Aber falls doch, können Sie ihn getrost abhaken: Was wollen Sie schon mit so einem unfreundlichen Miesepeter?). Nein, er wird vermutlich erfreut sein, dass Sie so viel Literaturinteresse zeigen, und Ihnen hoffentlich – sofern die Zeit dazu reicht und er sich entsprechend auskennt – in aller Ausführlichkeit erläutern, dass bestimmte Werke von Auster seiner Meinung nach zwar etwas verschroben erscheinen, es aber durchaus geeignete Einsteigerromane gibt. Vielleicht wird er Ihnen einen Titel nennen oder sogar aufschreiben (eventuell mit seiner E-Mail-Adresse, natürlich nur für Rückfragen ...), Ihnen Inhaltsangaben referieren ... Möglicherweise sagt er auch: «Oh, das ist auch das erste Buch, das ich von ihm lese. Es ist mir empfohlen worden. Bisher ist es ...» Oder, oder, oder. Auf jeden Fall wird er etwas sagen, dank Ihrer offenen Frage! Auf der privaten Party eines Paares können Sie sich – zum Beispiel – bei einem anderen Gast erkundigen: «Weißt du zufällig, wie sich die beiden kennen gelernt haben?» Im Museum fragen Sie vielleicht den attraktiven Mitbesucher vor den Beuys'schen Vitrinen, ob er sich mit dem Künstler auskenne. Es gibt in jeder Situation Möglichkeiten und meistens ein oder zwei, die sich geradezu aufdrängen. Sie müssen sie nur erkennen – mit ein wenig Übung gelingt das mühelos – und dann die Chance ergreifen.

... UNAUFFÄLLIGE GESPRÄCHSAUFHÄNGER Es gibt Gesprächsaufhänger, die funktionieren immer. Sie beziehen sich jeweils auf die gegebene Situation. Gesprächsaufhänger dienen aber, wie der Name schon andeutet, als Anheizer für ein weiteres Gespräch. Sie müssen auf keinen Fall anschließend angeregt eine Stunde über die miese Verkehrsanbindung in Ihrem Stadtteil parlieren, nur, weil Sie dieses Thema als Einstieg gewählt haben.

Damit Sie das nächste Mal vorbereitet sind, im Folgenden einige Anregungen:

- **DAS THEMA DER VERANSTALTUNG** Dazu müssen Sie sich natürlich erst mal zu einer Veranstaltung begeben, möglichst ohne Begleitung, denn: Von nichts kommt nichts. Zu Hause allein im Fernsehsessel können Sie sich höchstens mit Ihren Topfpflanzen oder dem Kater über die gerade gesehene BBC-Dokumentation unterhalten. Aktivitäten wie etwa ein Theaterbesuch bieten da weit mehr Möglichkeiten. Im Theaterfoyer treffen Sie vor oder nach der Aufführung oder in der Pause immer Leute, mit denen Sie sich unterhalten können. Und zwar, Sie haben es erfasst, über das aufgeführte Stück. Vorher können Sie etwa mit der Einleitung: «Wissen Sie zufällig Näheres über das Stück?», Kontakt aufnehmen, oder in der Pause fragen: «Hat der Regisseur hier schon häufiger inszeniert?» In der Pause eines Jazz-Konzerts unterhalten Sie sich entsprechend über die Performance der Musiker oder Jazz allgemein. Auf einer Ausstellung sprechen Sie über Kunst und auf einer Ausstellungseröffnung vielleicht über die köstlichen Schnittchen und den angebotenen Schampus. Und nach dem Französischsprachkurs über Ihren letzen Paris-Trip. Ganz einfach!
- **DAS WETTER** Zugegeben, besonders spritzig ist dieses Thema wirklich nicht. Aber: Darauf kommt es auch gar nicht an. Bevor Sie gar nichts sagen, sagen Sie lieber irgendwas. Kommunikationswissenschaftler nennen Smalltalk über banalste Themen wie das Wetter «phatische Kommunikation», die nicht den Sinn

hat, Informationen auszutauschen, sondern allein dazu dient, soziale Beziehungen aufzubauen und zu pflegen. Genau das, was Sie wollen! Warum also nicht äußern: «Mensch, ist das heiß! Und das schon im April, wie wird dann wohl erst der Sommer?» Wichtig ist lediglich, dass Ihr Gegenüber sich dazu äußern kann, und die Zeichen dafür stehen nun wirklich günstig: Zum Wetter hat schließlich jeder eine Meinung.

- **Das Essen** Noch so ein Fall wie das Wetter. Trotzdem: Das Buffet ist auf Partys immer eins der heißesten Themen. Warten Sie ab, bis Ihr bereits ins Visier genommenes Zielobjekt den Fresstisch aufsucht, und schnappen Sie sich unauffällig einen Teller. Vielleicht wissen Sie nicht, um was es sich bei einer bestimmten Speise handelt. Fragen Sie Ihren Buffetnachbarn! Oder erkundigen Sie sich, ob er bereits etwas empfehlen kann. Davon laden Sie sich dann ebenfalls etwas auf Ihren Teller. Grund genug, sich nach Ihrer «Kostprobe» wieder zu dem Herrn zu begeben und für die tolle Empfehlung zu danken. Oder zu erwähnen, dass Sie sich eigentlich etwas anderes darunter vorgestellt hatten.
- **Gemeinsame Bekannte** sind natürlich auch ein ergiebiges Gesprächsthema auf Partys, Empfängen oder Business-Veranstaltungen. Weil in der Regel ein Großteil der Gäste vom Veranstalter eingeladen wurde und darum wenigstens eine Person in die Kategorie fällt. Falls Sie nur «mitgeschleppt» worden sind, können Sie sich natürlich ebenfalls nach dem Gastgeber erkundigen, den Sie in diesem Fall ja gar nicht persönlich kennen. Der andere ist auch nur als Anhang eines Freundes da? Wunderbar, Sie sitzen in einem Boot und können sogar hervorragend (und bitte milde!) über die anderen Gäste lästern. Sie sehen: ein ergiebiges Feld!
- **Dekoration, Bilder, Fotos, Design, Bücher im Regal** … Sehen Sie sich um, wo Sie gerade sind. Was hängt an der Wand, was steht herum? Ein Stuhl im Bauhaus-Design ist genauso erwähnenswert wie ein Ramones-Plakat oder ein Kunstdruck von Yves Klein. Achtung: Gerade Kunstgeschmack ist eine persönliche Angelegenheit, seien Sie darum vorsichtig mit Ihren

Äußerungen, bleiben Sie neutral. Fragen Sie: «Weißt du eventuell, von wem dieses Bild stammt?» Oder zumindest: «Ich finde es irgendwie interessant.» Das ist in jedem Fall besser als zu sagen: «Das soll Kunst sein?» Wenn Ihr Gegenüber die gleiche Meinung hat, ist das sicher für Sie ein Bonuspunkt, aber woher wollen Sie das im Vorhinein schon so genau wissen?

- **Die Musik** Fast überall wird Musik gespielt, im Supermarkt, im Kaufhaus, im Fitnesscenter, im Café, in der Disco und bei einem Konzert sowieso. Nutzen Sie die Musik als Gesprächsaufhänger. Fragen Sie: «Mensch, von wem war das Lied nochmal?» oder «Da gibt es aber eine schönere Version von. Die von …» oder: «Hey, bei denen war ich kürzlich auf einem Konzert.» Geben Sie so tollen Männern die Gelegenheit, über ihr Lieblingsthema zu sprechen: über Musik, ultimative Songs und Bands. (Sie haben doch «High Fidelity» von Nick Hornby gelesen?)

Der erste Satz ist vielleicht banal – Ihre Körpersprache ist es nicht! Vergessen Sie auch bei der ersten verbalen Kontaktaufnahme Ihre Körpersprache nicht. Wenn der Gesprächsaufhänger völlig unverfänglich ist und der Anlass des Ansprechens so banal wie eine Bitte um Feuer oder die Frage nach der Uhrzeit, kommt der begleitenden Mimik und Gestik eine besondere Bedeutung zu. Sie sollten Ihrem Gegenüber schon signalisieren, dass Sie ein grundsätzliches (und dennoch völlig unverbindliches!) Interesse an ihm haben! Wenn Sie dabei so unberührt wirken wie ein Pokerspieler, müssen Sie sich nicht wundern, wenn Sie keinen Flirterfolg haben.

Achtung, Achtung: Verfallen Sie aber bitte nicht ins andere Extrem. Sie sollten natürlich jetzt nicht anfangen, an sich herumzufummeln wie die einsamen Damen, die nachts in den Werbepausen der Privatsender so gerne angerufen werden wollen. Und natürlich auch nicht wie die offenbar unausgelasteten Mädels, die in so genannten «Sexy Clips» in Gelsenkirchener Barock-Ambiente oder am Strand von Fuerteventura die Hüllen fallen lassen. Manche Flirtratgeber empfehlen auch, an einem Stift oder einem Brillenbügel herumzulutschen. Das kann zuweilen tatsächlich ein erotisches Signal sein, aber nur, wenn es im richtigen Moment und so maßvoll eingesetzt wird, dass es nicht wirkt wie eine Szene in einer billigen Vorabendserie. Die richtige Dosierung solcher recht eindeutig sexuell konnotierter Signale ist auf jeden Fall eine heikle Angelegenheit, auf die wir später in diesem Kapitel noch zu sprechen kommen werden. Völlig unangebracht wäre es jedenfalls, wenn Sie am Hauptbahnhof Ihre Sonnenbrille aus dem Haar rupfen, nur, um Ihre Frage nach dem richtigen Gleis mit quasi-erotischem Herumgelutsche zu untermalen.

Die ganze Angelegenheit ist viel einfacher: *Wer lächelt und Blickkontakt sucht, während er die Antwort auf seine Frage erhält, ermutigt den Angesprochenen, den zarten Flirtfaden weiterzuspinnen!* Falls nicht gerade das Signal zum Einsteigen in die Bahn ertönt, das Sie beide auseinander reißt, bevor auch nur das Geringste an Annäherung passiert ist. Das ist nun mal das Flirtrisiko. Aber, wie heißt es doch so schön: Nach dem Flirt ist vor dem Flirt.

Frech kommt weiter oder: Was sich (vielleicht) liebt, das neckt sich

«Am besten gefällt mir, wenn sie was Rotziges oder Unverschämtes sagt wie ‹Auf die alten Tage nochmal auf die Kacke hauen, was?› oder ‹War das Hemd nicht auch in deiner Größe zu bekommen …?› Aber natürlich nicht bösartig, sondern nett.»

Rascal, 38, Musiker

Wenn Sie einen Mann mit einer klitzekleinen Provokation ansprechen, haben Sie fast immer gute Karten. Denn Männer sind vertraut mit der Sprache des Neckens, Jungs untereinander reden oft auf herausfordernde Art und Weise miteinander, lassen verbal ein wenig die Muskeln spielen und fühlen sich ausgesprochen wohl dabei. Frauen gehen meist sehr viel behutsamer miteinander um, vermeiden verbale (Schein-)Angriffe und versuchen zumeist alles, um eine harmonische Atmosphäre zu schaffen. Ob ein solches Verhalten angeboren ist oder in den Genen liegt, darüber streiten sich die Experten. Fakt ist, das haben Beobachtungen an Kindern bewiesen, dass bereits kleine Jungs in Hierarchien denken, ein «Leit-Männchen» ernennen und in permanenten kleinen Reibereien ihre jeweilige Stärke unter Beweis stellen wollen. Kleine Mädchen versuchen dagegen, stets Gleichheit zu bewahren. Wenn ein Mädchen ein anderes verbal angreift, ist die Angelegenheit um einiges schwerwiegender, als wenn Jungs das untereinander tun. Mädchen setzen Verbal-Attacken nämlich selten zum Necken ein, wie das Jungen gern tun. Letztere kombinieren solche Angriffe auch gern mal mit körperlichen Handgreiflichkeiten. Gerade soeben in die Pubertät eingetretene Herren sind gerne mal rabiat. Gegenüber ihren Geschlechtsgenossen – und gegenüber Mädchen, die sie interessieren. So drücken sie ihre Zuneigung aus. Der gemeine Blödmann, der Sie damals in der Fünften immer geschubst und in den Schwitzkasten genommen hat – der hat

Sie nicht gehasst, sondern war in Sie verliebt. Dumm gelaufen: So kann man am Ziel vorbeibalzen.

Auch noch im Erwachsenenalter führt das häufig zu Missverständnissen. Männer glauben, dass Frauen keinen Humor haben, weil die, so haben sie's damals im Sandkasten gelernt, schon aufgrund leisester Kritik eingeschnappt und tödlich beleidigt ist, während ein anderer Mann die Herausforderung annehmen würde und dabei auch noch Vergnügen empfände. Ein Beispiel:

Mann I sagt zu Mann II: «Na, hat wohl gut geschmeckt im Urlaub?! Sitzt ein bisschen strammer das Höschen als sonst, was?»

Mann II: «Hey, das täuscht, das sind alles Muskeln. Du weißt schon: Sex hält fit, straff und schlank. Aber sag mal: Deine Haare waren auch schon mal voller ...»

Mann I: «Na ja, das musst du verstehen, das ganze Testosteron: toll im Bett, aber leider sorgt das Zeug auch für Haarausfall. Ich zahle eben meinen Preis für ein erfülltes Sex-Leben. Bei deinen Walle-Locken muss ich da doch ganz entschieden an deiner Protzerei zweifeln, du Dickerchen.»

Und so weiter. Sicher ist, dass hier keiner der beiden ernsthaft böse ist über die Sticheleien, die ihm vom anderen an den Kopf geworfen werden. Und nun das Ganze noch einmal mit einem weiblichen und einem männlichen Protagonisten:

Mann sagt zu Frau: «Na, hat wohl gut geschmeckt im Urlaub?! Sitzt ein bisschen strammer das Höschen als sonst, was?»

Frau: «Waaaas? O Gott! Wo? Echt?»

Mann: «Ja, hier die kleinen Speckröllchen.» (kneift neckend zu) «Süß!»

Frau: «Wie gemein! Sag's mir doch gleich ins Gesicht: Du findest mich fett ...»

Mann (entgeistert): «Was? Wer sagt das denn?»

Frau (mit Tränen in den Augen): «Na du! Gerade! Hättest wohl lieber so einen Hungerhaken.»

Mann: «???»

Sie ahnen sicher bereits, wie das Ganze weitergeht.

Nehmen Sie sich in puncto necken und geneckt werden also ein Beispiel an der Herrenwelt. Frauen, die mit einem oder mehreren Brüdern aufgewachsen sind, haben diesbezüglich natürlich Übung und darum einen kleinen Vorsprung – aber keinen, der nicht aufzuholen wäre. Merken Sie sich einfach: Männer vertragen kleine Hänseleien meist hervorragend! Nun ja, vorausgesetzt, Sie treffen damit nicht gerade seinen absoluten Schwachpunkt. Offensichtliche Schwächen sollten Sie also nicht zum Gegenstand des Schlagabtauschs machen. Sie können davon ausgehen, dass zum Beispiel wirklich korpulente Männer nicht gerne wegen ihrer Körperfülle gepiesackt werden und Jungs mit offensichtlichen Hautproblemen nicht wegen ihrer Pickel. Ebenso werden Bucklige nicht unbedingt erfreut sein, etwas über ihren Körperwuchs zu hören, und Halbblinde nichts über ihre Brillengläser in Fernsehschirmformat usw.

Faustregel: *Alles, von dem Sie vermuten, dass der arme Kerl schon in der Schule damit gehänselt wurde, sollte tabu sein. Machen Sie stattdessen harmlose Späße, deren Gegenstand vom Betreffenden veränderbare Merkmale sind.*

Heißt: Den ansonsten durchtrainierten Basketballspieler dürfen Sie – etwa im Stil des oben skizzierten ersten Dialogs – durchaus auf seine kleinen *Love Handles* über dem Hosenbund ansprechen, die sind nach der nächsten Wettkampf-Trainingsphase sowieso wieder weg. Den Typen mit dem niedlichen Sonnenbrand auf der Nase können Sie mit seiner angeblichen Säufer-Nase provozieren und den Herrn, der sich gerade versehentlich ein Pils über den Ärmel gekippt hat, mit seiner vermeintlichen Grobmotorik. Den Mann mit dem grellen Hawaii-Shirt dürfen Sie ansprechen, indem Sie darauf hinweisen, dass er «das Augenlicht gefährdende Textilien» trägt. Und so weiter. Lassen Sie sich was einfallen, aber beziehen Sie sich unbedingt auf die Situation.

Wichtig ist dabei mal wieder das «Wie»: Ihre Körpersprache sollte ausdrücken, dass das Ganze nur eine Schein-Attacke ist, ein Grund, einen Mann anzusprechen, den Sie attraktiv finden. Das bedeutet, Sie sollten unbedingt dabei lächeln, ihm subversiv zuzwinkern und einen nicht allzu ernsten Tonfall an den Tag legen. Wichtig auch: Sie sollten gute Laune und ein bisschen Übermut ausstrahlen. Probieren Sie die Neck-Methode also nicht aus, wenn Sie das Gefühl haben, mit dem falschen Bein zuerst aufgestanden zu sein.

Falls Sie unsicher sind, können Sie ja trocken üben, indem Sie die Männer Ihres näheren familiären Umfeldes als Übungsobjekte benutzen: Ihren Vater, Ihren Bruder, den Cousin oder den Onkel. Sie werden sich wundern, wie viel Spaß Sie dabei auch mit Ihrer männlichen Verwandtschaft kriegen! Wenn Sie trotzdem das Gefühl haben, der Mann, der das Ziel Ihres kleinen Angriffs war, hat das Gesagte für bare Münze genommen und ist ernsthaft beleidigt, sind Sie vielleicht leicht übers Ziel hinausgeschossen und/oder haben ein Exemplar Mann erwischt, der allein unter Frauen aufgewachsen ist. Zögern Sie nicht, ihn kumpelhaft in die Seite zu knuffen und zu sagen: «Hey, war nur Spaß.» Sehr wahrscheinlich werden Sie das aber gar nicht tun müssen, die meisten Jungs kennen rotziges Verhalten zur Genüge und wissen, damit umzugehen. In diesem Fall signalisieren Sie nämlich einem Mann mehrere Dinge, die Jungs an Frauen höchst anziehend finden:

- Sie sind keine eingebildete «Tussi»
- Sie haben Humor
- Sie teilen aus, also können Sie auch etwas einstecken (Achtung: Diese These wird er mit Sicherheit bald überprüfen. Wappnen Sie sich also für den Gegenangriff und nehmen Sie möglichst nichts bierernst, dann sammeln Sie weiterhin jede Menge Pluspunkte).

Um es anders auszudrücken: Sie haben Eigenschaften, die Männer an ihren männlichen Freunden schätzen – mit dem riesigen Vorteil, dass Sie eine Frau sind, mit der man(n) (zumindest theoretisch) auch schlafen könnte. Darüber hinaus liefern Sie ihm eine wunderbare Vorlage, auf die er nur noch einsteigen muss.

FÜR ALLE FÄLLE: TRICK 17

«Meine Freundin ist eine Kommilitonin von mir, die bei mir im Wohnheim auch ein Zimmer hat. Wir sind uns näher gekommen, als ich ihr bei einem Problem mit ihrem Computer geholfen habe.»
NICK, 25, STUDENT

«Oh, ich habe vor Jahren mal eine ganz tolle Frau kennen gelernt, die hat mich irgendwie verwechselt.»
LOTHAR, 39, HOTELIER

Wenn von Flirttricks die Rede ist, werden oft angeblich todsicher funktionierende Sprüche zum Anbandeln mit dem anderen Geschlecht angepriesen. Diese «originellen» Sprüche zeigen die erhoffte Wirkung jedoch nur in den seltensten Fällen und führen manchmal sogar zum Gegenteil. Ebenso verhält es sich mit Methoden, die etwa mittels Mini-Hypnose die Verführung sämtlicher gewünschter Sex-Partner versprechen.

Tricks, das legt das Wort nahe, haben häufig zum Ziel, jemanden hereinzulegen oder zu etwas zu bewegen, was dieser Jemand normalerweise nicht getan hätte. Darum sind wirkliche Tricks auch mit Vorsicht zu genießen, schließlich ist Flirten zwar ein Spiel, aber es sollte immer ein Miteinander-Spielen bleiben und nicht zum *Schau*spiel mutieren. Bei Letzterem wird bewusst eine bestimmte Rolle eingenommen, um etwas Bestimmtes zu erreichen. Männer, gerade die größten Schürzenjäger, täuschen soziologischen Untersuchungen zufolge häufig besondere Vertrauenswürdigkeit und sexuelle Verlässlichkeit vor. Außerdem geben Männer gerne mit Machtpositionen und finanziellen Mitteln an, die sie gar nicht haben. (Mit dem Thema der männlichen «Pinocchio-Strategien» im Flirt werden wir uns später noch beschäftigen – damit Sie ja nicht auf sinnlose Prahlerei hereinfallen …)

Tricks sind also mit Vorsicht zu genießen. Dennoch gibt es ein paar wenige, deren Anwendung in speziellen Momenten legitim ist – sie sind sozusagen Ihre ganz persönlichen Notfalltropfen. Notfalltropfen, die Sie dann einsetzen können, wenn Sie jemanden sehen, den Sie noch nicht kennen, den Sie aber unbedingt kennen lernen möchten. Wenn Sie dem Supertypen schlechthin begegnen, Ihnen aber partout nichts einfällt, wie Sie sich an ihn heranpirschen können. In Situationen, in denen Sie einfach ein Brett vor dem Kopf haben. Wenn Sie in so einem Fall ein klitzekleines Täuschungsmanöver fahren – nicht, um in besserem Licht dazustehen, sondern einzig und allein zu dem Zweck, jemanden kennen zu lernen, der Ihnen sympathisch ist –, sei Ihnen hiermit dafür im Voraus die Absolution erteilt. Und nun zu den Tricks, die in einem solchen Fall (oft) helfen:

Der Grusstrick

Dieser Trick ist ganz simpel und beruht auf der Tatsache, dass einander bekannte Menschen sich zueinander anders verhalten als Menschen, die sich noch nie begegnet sind. Menschen, die sich *nicht* kennen, werfen sich vielleicht einen Blick oder auch mehrere Blicke zu, aber das war's dann oft, wenn nicht einer von beiden die Initiative ergreift und den anderen anspricht.

Leute, die sich kennen, selbst wenn die Bekanntschaft nur flüchtig ist, tun etwas anderes, nicht besonders Sensationelles: Sie grüßen sich. Sie heben eine Hand, nicken sich zu, sagen «Guten Tag» oder «Hallo». Was genau sie tun, hängt davon ab, wie nah sie sich stehen, in welcher Situation sie sich gerade befinden, wie weit sie voneinander weg stehen und welche Art der Begrüßung sie persönlich vorziehen. Mit dem Gruß nehmen sie Bezug auf die Tatsache, dass sie sich kennen. Und selbst, wenn sich einer der beiden im Moment nicht erinnern kann, dass oder woher er ihn kennt, wird er zurückgrüßen. Es könnte ja schließlich sein, dass ihm nur vorübergehend entfallen ist, wer sein Gegenüber ist – irgendwo wird man sich wohl schon über den Weg gelaufen sein, sonst hätte der (oder die) andere ja wohl nicht gegrüßt.

Vielleicht ist es Ihnen auch schon einmal passiert, dass Sie auf der Straße jemandem begegnet sind, der Ihnen sehr bekannt vorkam und den Sie darum automatisch gegrüßt haben – und zehn Meter weiter ist Ihnen eingefallen: Ach, den kannte ich ja gar nicht, das war ja der Schauspieler XY aus der Serie YZ. Und trotzdem wird der Schauspieler XY aus der Serie YZ sehr wahrscheinlich Ihren Gruß erwidert haben. Weil er, allein aufgrund Ihres Grußes, angenommen hat, Sie beide würden sich schon irgendwoher kennen. Sie hätten ja auch jemand Wichtiges sein können. Wir halten also fest: Wenn jemand gegrüßt wird, von wem auch immer, grüßt er in aller Regel zurück. Das ist eine gesellschaftliche Konvention: Grüßen führt zum Gegengruß, alles andere gilt als unhöflich. Diese Regel lernen wir alle bereits als kleine Kinder. Machen Sie sie sich beim Flirt zunutze:

- Nehmen wir einmal an, Sie sehen in einem Restaurant oder Café oder einer Bar oder in der Sportabteilung des Kaufhauses oder im Großraumwagen der Deutschen Bundesbahn einen Mann, der Sie interessiert, den Sie aber nicht kennen.
- Ignorieren Sie einfach die Tatsache, dass Sie ihn noch nie gesehen haben, und grüßen Sie ihn. Ganz selbstverständlich. (Natürlich sollen Sie ihn *nicht* mit einem Namen grüßen, den Sie sich ausgedacht haben, denn dann würde er Sie vermutlich nur darauf hinweisen, dass Sie ihn wohl verwechseln, und damit wäre es das dann gewesen.) Winken Sie also, nicken Sie mit dem Kopf, sagen Sie «Hallo», wie Sie mögen, ganz so, als seien Sie ihm schon einmal irgendwo begegnet.
- Jetzt wird er aus genannten Gründen ziemlich sicher zurückgrüßen.

Würden Sie sich nun wirklich kennen, wäre die Interaktion entweder mit dem Gegengruß abgeschlossen, oder einer von Ihnen beiden käme zum anderen herüber und würde ein Gespräch anfangen im Stil von «Na, lange nicht gesehen, wie geht's dir denn so?» oder «Gut erholt von der Party bei Birgit? Du hast ja ganz schön lange durchgehalten.»

Da Sie sich nun aber gerade nicht kennen, haben Sie mit Ihrem Gruß keine Erinnerung an gemeinsam Erlebtes, sondern ziemlich sicher eine kleine Grübelei ausgelöst: Der Mann, mit dem Sie gerne flirten möchten, fragt sich nun (wie Sie wissen, sehr zu Recht) Dinge wie: «Mensch, woher kenne ich das Mädchen denn? Die grüßt mich hier so ganz selbstverständlich ... Warum, zum Teufel, fällt mir nur nicht ein, wo ich sie schon mal gesehen habe? Vielleicht bei Jürgen? Oder im Büro, da war doch kürzlich diese Delegation aus Stockholm zu Besuch ...» Und so weiter.

Die Grübelei endet wahrscheinlich mit einer von zwei Optionen: Entweder wird er

a) darauf vertrauen, dass er Sie schon irgendwoher kennt und es ihm irgendwann wohl einfallen wird, wann er Ihnen bereits begegnet ist – und nichts weiter unternehmen, um sich keine Blöße zu geben, oder er wird
b) zu Ihnen hinübergehen, um Sie zu bitten, ihm auf die Sprünge zu helfen: «Entschuldigung, ich komme nicht drauf: Woher kennen wir uns?»

Wählt er Option b), ist das für Sie natürlich das Optimale. Bescheidet er sich mit Option a), ist allerdings keineswegs Hopfen und Malz – beziehungsweise der Flirt – verloren. In diesem Fall müssen Sie einfach für ihn b) wählen: Gehen Sie zu ihm hinüber und leiten Sie das Gespräch ebenfalls ein mit: «Entschuldigung, ...» – jetzt folgt eine winzige Notlüge – «... ich weiß, dass wir uns von irgendwoher kennen, aber ich komme nicht drauf.» Nun können Sie gemeinsam grübeln. Da er (natürlich) keine Ahnung hat, müssen Sie alle potenziellen Orte und Gelegenheiten durchgehen, bei denen Sie sich eventuell hätten treffen können: Bei der Jahresfeier des Handballvereins vielleicht? In der Kantine Ihres Unternehmens? Im Café Schmitz? Bei der Party von Liesel? Im Techno-Club? Dabei erfahren Sie natürlich eine ganze Menge über den anderen (und er über Sie). Eine hervorragende Voraussetzung, um festzustellen, ob man Übereinstimmungen hat und wirklich am anderen interessiert ist, weil die Informationssammelphase aufgrund der kleinen Notschwindelei enorm ausgedehnt wird. Und natürlich auch eine hervorragende Gelegenheit, um ein Gespräch anzuknüpfen: Nein, das Café Schmitz kenne ich nicht, wo ist das denn? Oder: Ja, im Café Schmitz bin ich ab und zu, da könnten wir uns getroffen haben. Oder: Ach, du arbeitest bei Düsing und Partner, das ist gleich bei mir um die Ecke. Ich arbeite im Schauspielhaus … Et cetera, et cetera.

Sie sehen: Ab und zu darf man sich einen kleinen Trick erlauben, um dem Schicksal auf die Sprünge zu helfen. Und Sie tun ja nichts Schlimmes, im Gegenteil, Sie verhelfen einem fremden Menschen lediglich zu einer ausgesprochen netten Bekanntschaft: Ihnen! Das ist praktizierte Nächstenliebe! *Nur eines dürfen Sie bei dieser kleinen Schwindelnummer erst mal nicht: Zugeben, dass es eine Schwindelnummer ist.* Sicher, irgendwann dürfen Sie ihm das mal beichten – wenn Sie bereits zehn Jahre verheiratet sind und Ihrem Schatz nun endlich erzählen, dass Sie da damals zu etwas unlauteren Methoden gegriffen haben. Und zwar aus dem einzigen Grunde, dass Sie ihn so bezaubernd fanden und unbedingt kennen lernen wollten. Zu diesem späten Zeitpunkt wird er das sicher auch bezaubernd finden, Sie umarmen und zu Ihrer damaligen Entscheidung beglückwünschen. Vielleicht wird er auch schon nach zwei Wochen ähnlich milde gestimmt sein und vielleicht sogar schon nach zwei Stunden. *Aber nie, nie, nie dürfen Sie zugeben, dass Sie geschwindelt haben, wenn Sie noch mittendrin sind in der Schwindelei.* Das Ergebnis wäre verheerend: Der tolle Typ fühlte sich nicht geschmeichelt, sondern käme sich einfach nur verschaukelt vor. Veräppelt. Hinterlistig an der Nase herumgeführt. Ihre edle Intention würde er dabei gar nicht bemerken. Das Risiko sollten Sie also nicht eingehen, ziehen Sie die Sache durch. Es lohnt sich. Und wenn nicht: auch egal. Der nächste Flirt wartet schon. Und den becircen Sie dann vielleicht mit folgender kleinen Masche:

Der Helden-Trick

Der Helden-Trick macht sich die Tatsache zunutze, dass Männer sich gerne anstrengen, um einer Frau zu gefallen. Viele Männer sonnen sich in der Rolle des Helden, sind liebend gern der Supermann, der heraneilt, wenn eine holde Maid in Not ist. Dann fühlen sich die Herren erst als ganzer Mann. Der Wunsch, ein Superheld zu sein, ist auch die Basis des Erfolgs von Comics und Filmen wie «Superman» oder «Batman».

Wenn Sie also ein Auge auf einen Mann in Ihrem Bekannten-, Freundes- oder Kollegenkreis geworfen haben, rufen Sie ihn an und erklären Sie, dass Sie ein *Problem mit dem Computer* haben. Männer fühlen sich da qua ihres Geschlechts zuständig. Ihr Auserwählter wird sich ganz bestimmt nicht wundern, dass Sie ausgerechnet ihn anrufen. Er wird so geschmeichelt sein, dass er gar nicht darüber nachdenkt, ob es vielleicht jemand anderen geben könnte, der besser geeignet für solche Problemstellungen ist. Ein Computerproblem ist übrigens vor allem im Winter eher zu empfehlen als ein Defekt am Auto, weil der Rechner im Allgemeinen drinnen steht und Sie sich, während Ihr persönlicher Supermann sich der Lösung des Problems widmet, dicht zu ihm setzen können. Natürlich nur, um sich erklären zu lassen, was er da gerade tut, und um seine Kompetenz zu würdigen. Sie können ihm auch einen Espresso kochen und ein Stück Kuchen anbieten. Das ist überhaupt das Allerbeste am Helden-Trick: Sie dürfen ihm, dem tollen Hecht, mit voller Berechtigung danken, und zu diesem Zweck können Sie sich etwas Hübsches ausdenken, je nach Größe und Schweregrad des (eventuell) behobenen Problems. Egal, ob Sie ihn also zum Kaffee einladen – in Ihr

Lieblingscafé oder bei Ihnen zu Hause –, vielleicht auch zum Essen in ein kuscheliges Restaurant oder ins Kino: Sie sind über alle Verdachtsmomente, hier lediglich einen Mann für sich gewinnen zu wollen, erhaben. Sie tun das ja nur, um Ihre «Schulden» zu begleichen. Das ist die Einhaltung der Unverbindlichkeitsregel *par exellence* – auch wenn die Angelegenheit spätestens mit der Einladung ins Kino etwas fadenscheinig wird. Doch das ist absolut erlaubt!

Sie müssen sich natürlich darüber im Klaren sein, dass sie Wasser auf die Mühlen der männlichen Selbstüberschätzung gießen, wenn Sie den Helden-Trick anwenden und ihn um Hilfe bitten. Nicht gerade im Sinne des feministischen Grundgedankens, aber wie sagte schon die österreichische Schriftstellerin Vicky Baum: «Ein bisschen Naivität steht einer Frau gut, auch wenn sie bloß vorgetäuscht ist.» Und es ist ja für einen guten Zweck: Sie päppeln das Selbstbewusstsein des potenziellen Helfers, und deswegen verbindet er mit Ihrer Person ein gutes Gefühl – besonders, wenn Sie ihm dann auch noch die angemessene Bewunderung angedeihen lassen. Und das ist dann wiederum ganz in Ihrem Interesse. Falls Sie kein akutes wirkliches Problem haben, denken Sie sich einfach etwas aus, was Ihr Computer können soll – mp3s abspielen, Videos zeigen, Kaffee kochen oder Blusen bügeln –, und bitten Sie Ihren Helden, Ihnen diese Funktion einzurichten. Oder Sie behaupten einfach nur, dass Sie ein Problem hätten, und wenn er schließlich bei Ihnen ist, erklären Sie, dass das Gerät inzwischen wieder funktioniert. Diese Vorgehensweise ist ohnehin von vornherein dann zu empfehlen, wenn Sie es mit einem Mann zu tun haben, der bekannt dafür ist, zwei linke Hände zu haben, und eher alles zerstören würde, anstatt es zu reparieren, den Sie aber trotzdem sehr nett finden. Männer bieten Frauen schließlich sogar dann noch selbstlos ihre Hilfe an, wenn sie mit dem zu lösenden Problem heillos überfordert sind. Das sind dann die Momente, in denen Männer mit gutem Willen Waschmaschinen oder Digitalwecker auseinander nehmen, aber leider nicht mehr wieder zusammenkriegen – und kurzerhand das instand zu setzende Gerät als irreparabel erklären (was es meistens nicht ist). Wir wollen ja nicht gleich mit dem Schlimmsten rechnen, aber Vorsicht ist gerade in Bezug auf einen teuren Computer sicher angebracht. Damit er nicht allzu enttäuscht ist, wenn seine Hilfe gar nicht mehr notwendig ist, lassen Sie ihn einen Testlauf durchführen und kredenzen Sie ihm dann – damit der Arme «nicht ganz umsonst gekommen» ist – Kaffee und Kuchen oder kaltes Bier, je nach Witterung. Und dann lassen Sie Ihren Charme spielen …

Weitere Möglichkeiten, die den Helden in ihm wecken:

- **Probleme rund ums Auto** Sie stehen an der Tankstelle, und nebenan tankt ein unglaublich süßer Typ? Vergessen Sie, dass Sie selber Reifen wechseln können und neulich selbst die Zündkerzen ausgetauscht haben. Bitten Sie ihn um Hilfe beim Kontrollieren des Reifendrucks («Ich hab das noch nie gemacht») oder dem Nachsehen des Ölstandes. Er wird Ihnen ganz sicher abnehmen, dass Sie diese einfachen Handgriffe noch nie ausgeführt haben, und wird Ihnen «selbstverständlich» helfen – und Sie können ihn ganz unverbindlich zum Dank ins Café an der Ecke einladen. Er hat keine Zeit? Dann erfragen Sie seine Mail-Adresse, damit Sie sich «bei Gelegenheit» revanchieren können. Achtung: Werfen Sie vorher einen Blick in sein Kfz. Ein wahrer Gentleman wird Ihnen auch dann behilflich sein, wenn seine Freundin mit im Auto sitzt und langsam vor sich hin köchelt, während er sich hingebungsvoll Ihrem Pneu widmet. Aber irgendwie verfehlt die ganze Sache dann trotzdem ihr Ziel …
- **Probleme rund ums Fahrrad** Was mit dem Auto geht, funktioniert in leicht modifizierter Form natürlich auch mit dem Rad. Allerdings sollten Sie nur die Luft aus dem Reifen lassen, wenn Sie auch eine Pumpe dabeihaben. Es kann schließlich immer mal sein, dass der um Hilfe gebetene Mann keine Zeit hat, Ihren Reifen wieder zu «belüften». Weitere Möglichkeiten der Hilfestellung: Er muss Ihnen den Sattel neu justieren oder den Lenker gerade rücken oder den Dynamo wieder so hinbiegen, dass Ihr Licht funktioniert. Es sollte aber bei allem Heldentum in

Ihrem ureigenen Interesse selbstverständlich sein, dass Sie sich *nie* von Fremden oder flüchtigen Bekannten im Auto mitnehmen lassen, und zwar auch dann, wenn Ihr Rad *wirklich* hinüber sein sollte.

- **Hilfe in Haus und Garten** Vor einiger Zeit gab es mal eine Werbung für eine Telekommunikationsfirma, in der mehrere Freundinnen ihre persönlichen Helden zu sich in die Wohnung gelockt haben, indem sie ihnen per MMS verführerische Bilder von sich geschickt haben – und als die Jungs schließlich da waren, wurden ihnen einfach Pinsel in die Hand gedrückt, um die WG-Räumlichkeiten der Damen zu streichen. Das ist vielleicht eine etwas hinterhältige Methode, aber das Prinzip ist schon richtig: Bei Männern, die Ihnen die Bude pinseln, Kisten beim Umzug schleppen, Hecken schneiden oder Billy-Regale von Ikea aufbauen, stehen Sie tief in der Schuld. Und genau das wollen Sie ja.
- **Versorgungsdienste** Ihr schnuckeliger Nachbar huscht immer so schnell durchs Treppenhaus, dass Sie seinen Anblick gar nicht so richtig genießen können? Fahren Sie übers Wochenende weg und lassen Sie ihn Ihren Kater oder Ihr Meerschweinchen versorgen. Sie haben kein Meerschweinchen und auch keine anderen Tiere außer ein paar Hausstaubmilben und Wollmäusen unterm Bett? Dann muss er eben Ihre Pflanzen betreuen und Ihren Briefkasten leeren – warum einen teuren Nachsendeantrag bezahlen? Ein Gläschen Wein in Ihrer Küche nach Ihrer Rückkehr ist dem hilfreichen Herrn sicher, nicht wahr?
- **Ausborgen von Zucker, Mehl, Eiern etc.** Der Klassiker. Funktioniert noch immer. Und als Dank bekommt er natürlich ein Stück vom Kuchen/Auflauf/Omelette ab … Bei ihm oder bei Ihnen.

Es gibt natürlich noch tausend weitere Möglichkeiten, einen Mann für sich einzuspannen. Aber da wird Ihnen schon das ein oder andere einfallen. Viel Spaß dabei!

Exkurs: Love is in the air

> «Ich habe mal mit einer Frau auf einer Party geredet, und als sie ging, drückte sie mir wortlos ihre Telefonnummer in die Hand. Das war irgendwie sehr verrucht.»
> TORBEN, 23, BELEUCHTER

> «Gimme, gimme, gimme a man after midnight! Won't somebody help me chase the shadows away?»
> ABBA, VOULEZ-VOUS

Die Signale, um die es gehen wird, werden von einigen Flirtratgebern als die Flirtsignale schlechthin angepriesen. Und in der Tat sind sie ziemlich Erfolg versprechend, wenn Sie nur einen Mann für eine Nacht suchen. Oder wenn Sie, während Sie mit einem Mann flirten, plötzlich unbändiges Verlangen nach ihm verspüren. Wenn Sie in erster Linie Sex wollen, um genau zu sein. Diese Methoden sind Signale sexueller Verführung und geben dem Flirt eine recht deutliche Richtung. Manchen Frauen – gerade sehr jungen, die mit ihren Reizen spielen – ist das freilich gar nicht so bewusst. Falls Sie also eher der Typ Frau sind, der Angst hat, als «leicht zu haben» eingestuft zu werden, sollten Sie sich diesen Abschnitt sorgfältig durchlesen, um zu wissen, was Sie *nicht* tun sollten. Ebenso, wenn Sie beim Flirten bisher immer nur an Kerle geraten sind, die Sie unerklärlicherweise immer sofort im Anschluss in die Kiste zerren wollten, statt artig nach Ihrer Telefonnummer zu fragen. Denn dann tun Sie gut daran, vor allem Ihre nonverbalen Signale zu überprüfen. Vielleicht haben Sie ganz schön auf die Tube gedrückt – nämlich die mit seinen Hormonen drin –, ohne sich darüber im Klaren gewesen zu sein. Wie auch immer, im Folgenden können Sie sich darüber informieren, welche Risiken (und Chancen) es birgt, wenn Sie ihm bestimmte Signale senden – vielleicht aus einer beschwipsten Laune heraus. Oder auch aus Übermut. Oder purer Lust.

Doch begeben wir uns zunächst auf eine kleine Zeitreise …

Warum Männer Drachen töten wollen Wenn Männer und Frauen sich irgendwo auf diesem Globus begegnen und flirten, flirtet in gewisser Hinsicht das Erbe der gesamten Menschheitsgeschichte mit. Gerade im Hinblick auf das Thema dieses Abschnitts lohnt sich ein Blick auf evolutionsbiologische Zusammenhänge. Männer sind ja, das sollte zumindest im Groben bekannt sein, grundsätzlich etwas anders gestrickt als Frauen. Damit ist jetzt ausnahmsweise nicht gemeint, dass Männer Spaß an einem «geselligen» Abend haben, bei dem sich alle Beteiligten anschweigen, während Frauen wahres Glück dabei empfinden, wenn Angehörige europäischer Königshäuser unter Aufwendung größtmöglichen Bombasts (der in etwa so viel kostet wie alle Weltraum-Missionen der NASA zusammen) in den Hafen der Ehe einlaufen. Nein, hier ist die Rede vom unterschiedlichen Paarungsverhalten, das ursächlich auf eine unterschiedliche Interessenlage von Männlein und Weiblein zurückzuführen ist. Während Frauen sich in Zeiten vor Erfindung zuverlässiger Verhütungsmethoden – also bis vor wenigen Jahrzehnten, aus menschheitsgeschichtlicher Perspektive ein lächerlicher Zeitraum – gut aussuchen mussten, mit wem sie ins Bett gingen, weil sie im Ernstfall den Ärger (also die Sache mit dem Kind) an der Backe hatten, konnten die Männer sich seit eh und je nach der Befriedigung ihrer Bedürfnisse aus dem Staub machen. Auf zur nächsten Bestäubung! Die Frau war also gut beraten, vorher gründlich abzuchecken, ob der Mann, mit dem sie Sex haben würde, auch zuverlässig und fürsorglich genug war, sie nicht mit den möglichen Folgen allein zu lassen. Bekannte Männer-Casting-Strategien waren in grauer Vorzeit (angeblich) das Drachentöten, später genügte manchmal schon das Um-die-Hand-der-Tochter-Anhalten bei zickigen Schwiegereltern in spe. Die haben sich dann schon ein paar lustige Aufgaben für den Probanden ausgedacht («Junge, du kannst gleich dableiben und das Reihenhaus renovieren, da ist einiges zu tun!»). Wer solche Strapazen auf sich nahm, konnte es nur ernst meinen. Je mehr Bewerber Schlange standen, umso sorgfältiger konnten die Kandidaten getestet werden, immer geködert mit dem am Ende der

Prozedur winkenden Beischlaf. Für diese ganzen Testverfahren brauchte die Frau (bzw. ihre Eltern) in der Regel recht lange. Mit anderen Worten: Schneller Sex war eher Mangelware.

Seit Frauen nun nicht mehr fürchten müssen, sofort schwanger zu werden, hat sich da natürlich eine Menge geändert. Frauen können dank Verhütung theoretisch genauso schnellen, folgenlosen Sex haben wie Männer. Folgenlos im Sinne von: Sie bekommen nicht sofort Nachwuchs. Leider ebenso folgenlos im Sinne von: Sie bekommen auch keinen Mann. Zumindest nicht auf lange Sicht. Denn Frauen, die sich schnell auf Sex einlassen, müssen befürchten, dass der Mann am nächsten Morgen wie John Wayne auf sein Pferd steigt und auf Nimmerwiedersehen in die Prärie hinausreitet. Denn die Männer haben sich den neuen Möglichkeiten nicht so richtig angepasst: Sie wollen noch immer getestet werden! Diese These mag antiquiert anmuten, sie ist nichtsdestoweniger richtig – und bedarf einiger Erklärung: Männer – nicht alle, aber eine Menge – tendieren ja dazu, nach dem Motto zu leben «Ich nehm mit, was kommt, kostet ja nichts». Für Männer ist eine schnell zum Sex bereite Frau zunächst einmal eine auf dem Silbertablett präsentierte Gelegenheit, der sie nur mit sehr viel Willenskraft widerstehen können. Die Evolution hat Männer begünstigt, die an (oder besser: in) möglichst viele Frauen ihren Samen «gestreut» haben. Schon für den Urzeitmann galt: Nutze jede Gelegenheit zur Weitergabe deines Erbgutes. Wenn nur zwei Sprösslinge überleben, für die zehn Gelegenheitsbekanntschaften begattet werden mussten, ist das eine ziemlich gute Quote, auf jeden Fall besser als keine Nachkommen. (Achtung, wir reden hier noch immer von der evolutionsbiologischen Perspektive – die Sache mit den Alimenten ist da eine ganz andere Geschichte, die aber die grundsätzliche Lust «des Mannes» auf Sex, wo die Gelegenheit sich auftut, ganz offensichtlich nicht mindern kann). Und da das Bonmot «Was ich nicht weiß, macht mich nicht heiß» sehr wahrscheinlich bereits auf den Urzeitmann zutraf, machte es ihn auch nicht «heiß», dass die restlichen acht eventuell bei seinen One-Night-Stands zustande gekommenen Kinder einem Säbelzahntiger oder einer Hungersnot zum Opfer gefallen sein könnten, weil kein Papi zum Beschützen beziehungsweise Jagen und Sammeln da war. Und warum war kein Papi zum Jagen und Sammeln da? Weil Männer, wie gesagt, damals wie heute, schnell zum Sex bereite Frauen zwar gern mal flott «beglücken», aber sie danach ebenso flott wieder ver- und ihrem ungewissen Schicksal überlassen. Bekommen Männer Sex, ohne sich anstrengen zu müssen (indem sie z. B. keine Reihenhäuser renovieren, riesige Dornenhecken wegmähen oder sich dem Wunsch des Weibes beugen müssen, überlange französische Schwarz-Weiß-Kunstfilme im Original mit Untertiteln anzusehen), also quasi Sex zum Sonderpreis oder gar gratis, kann, so die Folgerung, mit der zum Angebot stehenden Dame irgendwas nicht stimmen. Denn, das haben die heutigen Jungs früh aus dubiosen Western gelernt: Umsonst ist nur der Tod. Für Sex mit einer «guten» Frau muss man sich anstrengen, das gehört für Männer zu den Regeln des Lebens. Punkt. Schnell zur Paarung bereite Frauen – oder Frauen, die selbiges signalisieren, vielleicht auch ungewollt – sind für Männer keine erstrebenswerten Partnerinnen.

Die Herren befürchten nämlich, dass die Frau a) so schnell mit ihnen ins Bett möchte, weil sie aufgrund verborgener Mängel sonst keine Gelegenheit dazu bekommt beziehungsweise b) – und das ist noch viel entscheidender – mit allen Männern oder wenigstens ziemlich vielen in ähnlicher Weise verfährt.

Letzteres birgt die Gefahr in sich, dass sich ein Mann einer potenziellen Vaterschaft nicht sicher sein kann und schlimmstenfalls Zeit und Energie in die Aufzucht eines Kuckuckskindes investiert, ohne selbst seine Gene weitergegeben zu haben. Aus evolutionsbiologischer Sicht sozusagen der Super-GAU. Diese Abneigungen und Vorlieben haben sich im Laufe von Jahrtausenden gebildet und sind nicht einfach so mit ein wenig gesundem Menschenverstand wegzudenken oder mit geeigneter Verhütung wegzudiskutieren. Darum bevorzugen Männer auch heute noch Frauen als Partnerinnen, die zu erkennen geben (oder vortäuschen), dass sie *nicht* leicht zu haben sind. Frauen, die sich zieren und erst nach einer Weile zum Sex bereit sind. Erstens signalisieren die Frauen dadurch: «Pffft, wenn du glaubst, du bist der Einzige, dann hast du dich aber getäuscht. Streng dich mal an, vielleicht geh ich dann mit dir ins Bett. Falls ich aus den Hunderten von Bewerbern nicht noch einen besseren als dich herausfische. Hinweg, du Strolch!» Hier ist die Erklärung dafür zu suchen, dass «frau» manchmal den Eindruck bekommt, dass Männer einfach schlecht behandelt werden wollen. (Obacht: Das soll jetzt keine Empfehlung sein!) Wenigstens aber wollen die meisten Männer sich ein bisschen anstrengen. Früher mussten sie Drachen töten, heute wenigstens ein bisschen warten. Im Umkehrschluss bedeutet das: Frauen, die sehr eindeutig sexuelles Interesse signalisieren und die einen Mann nach einem heißen Flirt direkt mit zu sich nach Hause nehmen (oder mit zu ihm in die Wohnung oder aufs Hotelzimmer gehen), gehen das große Risiko ein, dass die Sache auf einen One-Night-Stand hinausläuft. Ein weiteres Risiko: Der abgeschleppte Mann wird sie allein aufgrund ihres Verhaltens als unattraktiver beurteilen als eine unnahbare, hochnäsige Zicke. Emanzipation hin oder her. Wenn Sie sowieso nur einen One-Night-Stand anstreben, kann Ihnen das natürlich egal sein. Um sich darüber klar zu werden, auf was Sie sich da eventuell einlassen, hier noch ein paar entlarvende Stimmen der Herrenwelt:

> «Am abstoßendsten bei einer Frau finde ich, wenn ich das Gefühl vermittelt bekomme, sie macht es mit jedem.»

OLE, 34, SCHAUSPIELER

> «Wenn eine Frau mich am ersten Abend quasi zum Sex einlädt, habe ich da grundsätzlich überhaupt nichts gegen, auch wenn ich zugeben muss, dass ich von der Frau dann wahrscheinlich relativ wenig halte. Aber, hey, natürlich würde ich mitgehen, wenn sie nicht ganz scheiße aussieht! Es läuft eben auf eine einmalige Sache hinaus.»

SVEN, 27, INFORMATIKER

«Hmmm … Sofort Sex zu haben muss ja nicht immer bedeuten, dass am nächsten Morgen Schluss ist. Aber andererseits: Wenn man sich danach fühlt und niemanden verletzt, kann es doch ein schöner Spaß sein …»
MARIUS, 25, SURFLEHRER

«Heute bin ich ja gebunden, aber früher, da fand ich so spontanen Sex gar nicht so unangenehm. Und abgehakt war die Sache danach in allen Fällen, in denen ich das Gefühl hatte, es wäre genau richtig so. Also meistens.»
MARKUS, 32, SPORTTHERAPEUT

Wie gesagt: Es handelt sich hier keinesfalls um ein moralisches Plädoyer, sondern lediglich um eine Warnung bezüglich Risiken und Nebenwirkungen. Nun müssen Sie wissen, dass es aus angegebenen Gründen – Männer suchen immer eine Gelegenheit, ihren Samen zu streuen – für Frauen oft ein Leichtes ist, einen Mann abzuschleppen. Männer weisen Frauen auch meist dann nicht ab, wenn sie mit den dümmsten Sprüchen ankommen. Auch das ist nicht einfach eine Behauptung, sondern das Ergebnis von wissenschaftlichen Studien.

Nun, das ist Ihnen heute Abend alles eher recht, Sie möchten einfach nur die Nacht nicht alleine verbringen? Gut. Wichtig ist allerdings trotz eindeutiger Absichten Ihrerseits, dass Sie den Flirt ganz normal mit nonverbalen Signalen einleiten, wie sie im letzten Kapitel erwähnt wurden. Wenn Sie einen Mann schräg von hinten anquatschen, ohne dass er Sie vorher gesehen hat, werden Sie auch mit den Offensiv-Methoden keinen Erfolg haben – oder der junge Mann wird Sie für eine im horizontalen Gewerbe tätige Dame halten und bestenfalls nach seinem Portemonnaie kramen. Und das werden Sie vermutlich auch nicht wollen. Doch nun zu den Möglichkeiten, wie Sie einen Mann unmissverständlich davon überzeugen, dass Sie seine Frau für eine Nacht sind – je mehr der folgenden Signale Sie auf einmal zeigen, umso klarer wird ihm das werden. *Einzeln und sparsam eingesetzt können Sie natürlich auch einen harmloseren Flirt ohne weiterführende Absichten mit dem ein oder anderen Verführungs-Signal «würzen» – es kommt eben auf die Dosis an.*

Übrigens: Wenn Sie schon ein paarmal mit ihm ausgegangen sind, ihn quasi getestet haben wie einst die Burgfräulein, die ihre Verehrer zum Drachentöten schickten, handelt es sich wieder um eine andere Angelegenheit. In diesem Fall können, nein, sollten Sie auch bei ernsthafterem Interesse an dem betreffenden Herrn das ein oder andere sexuelle Signal bewusst senden, um Ihrem Gegenüber langsam, aber sicher klar zu machen, dass Ihr Interesse an ihm nicht rein platonisch ist. Also, falls er das noch nicht von selbst begriffen hat.

Doch nun Schluss der langen Rede, hier sind sie …

… DIE NONVERBALEN SIGNALE DER VERFÜHRUNG:

- Lachen Sie lauthals über jeden noch so kleinen Witz seinerseits. Damit ist nicht höfliches oder schüchternes Lächeln gemeint und auch nicht gemeinsames Herumalbern. Sondern dieses lautstarke Lachen mit in den Nacken geworfenem Kopf, das Sie vielleicht noch von Alexis aus dem «Denver Clan» kennen. Das ist kein Witz: Sehr lautes Lachen wird von Männern als sexuelles Aufforderungssignal verstanden, das haben Studien gezeigt. Und zwar vor allem dann, wenn es im Zusammenhang mit weiteren Signalen wie den folgenden auftritt:
- Suchen Sie Körperkontakt, legen Sie Ihre Hand auf seine, während Sie mit ihm sprechen, streicheln Sie ihm über die Hand oder die Härchen am Unterarm oder, wenn Sie sich trauen, über den Bauch (damit nähern Sie sich seinem Penis).
- Wenn Sie etwas in den Mund stecken, während Sie ihn anblicken, wird er das auch als sehr eindeutiges Signal interpretieren. Etwa, wenn Sie lasziv an einer Haarsträhne, einem Stift, einem Strohhalm, an einem Finger oder am Bügel Ihrer Sonnenbrille lutschen. Bitte verwenden Sie dieses Mittel selbst bei eindeutigen Absichten nur sehr dezent, Sie möchten ja nicht für eine Sex-Hotline werben, nicht wahr?

- Lecken Sie sich wiederholt über die Lippen.
- Fahren Sie sich mit einem Finger am Ausschnitt entlang, sodass er fast gezwungen wird, auf Ihren Busen zu schauen.
- Lassen Sie Ihren U-Boot-Ausschnitt oder den Träger Ihres Spaghetti-Tops über die Schulter rutschen.
- Küssen Sie ihn – und zwar nicht erst vor der Haustür, sondern als Ersatz für den ersten Satz.
- Schreiben Sie ihm Ihre Adresse auf und verlassen Sie das Lokal.

Die verbalen Signale der Verführung:

- Fragen Sie, nachdem Sie sich eine kurze Weile unterhalten haben: «Magst du noch auf einen Kaffee mit zu mir kommen?» oder alternativ natürlich: «Gehen wir noch auf einen Kaffee zu dir?» Er wird wissen, was Sie damit meinen. Einer repräsentativen Umfrage (eines Kaffeeunternehmens) zufolge versteht ein großer Teil der Bundesbürger unter diesem Satz genau das, was auch Sie jetzt vermutlich denken. Umgekehrt bedeutet das: Wollen Sie Missverständnisse vermeiden, wenn Sie einen Angehörigen des anderen Geschlechts wirklich nur auf einen Kaffee zu sich bitten wollen, offerieren Sie am besten zusätzlich irgendetwas Jugendfreies bzw. Gesundes: (Kamillen-) Tee, Limonade oder Mineralwasser.
- Sprechen Sie über Sex. Erwähnen Sie Erotik-Partys, Ihren Vibrator oder das Intim-Piercing, das sich eine Freundin hat machen lassen. Oder Ihr eigenes. Fragen Sie ihn, was er von so etwas hält. Er wird sich die Sache ansehen wollen.
- Wenn Sie Ihre Annäherung vollkommen zweifelsfrei gestalten wollen, flüstern Sie ihm mit rauer Stimme ins Ohr: «Ich würde wahnsinnig gern mit dir schlafen.»

Falls er auf diese geballte Erotikoffensive nicht eingeht, ist er entweder: a) frisch oder dauerhaft verliebt, b) mit einer sehr reichen Frau verheiratet, und der Ehevertrag verbietet ihm unter Androhung des Verlusts des gesamten Vermögens, andere Frauen auch nur anzusehen, c) in irgendeiner Weise krank, d) schwul, e) eine verkleidete Frau, f) impotent, g) Priester mit heroischer Einstellung zum Job, h) auf einen anderen Typ Frau als den Ihren festgefahren oder i) in fünf Minuten mit Jennifer Lopez verabredet. Nein, ernsthaft, es gibt natürlich Männer, die gehen auf offensiv sexuelle Anmachen nicht ein, weil sie einfach an flüchtigen, unverbindlichen Abenteuern nicht interessiert sind. Es ist aber recht unwahrscheinlich, dass Sie den beiden Jungs begegnen.

Worüber Sie sich im Klaren sein sollten: Wenn Sie einem Mann erotische Avancen machen, die über die normale Körpersprache der Sympathie weit hinausgehen und ihn bewusst reizen, verletzen Sie die Unverbindlichkeitsregel. Noch eklatanter tun Sie das natürlich mit eindeutigen Äußerungen. Sie versprechen in diesen Fällen tatsächlich etwas, nämlich, dass Sie Ihr Gegenüber intimer kennen lernen möchten. Wenn der Mann das nicht möchte, wird er Ihnen recht klar eine Abfuhr erteilen, meistens höflich («Du, da drüben steht meine Freundin, die guckt schon ganz böse. Nichts für ungut.»), manchmal rüde («Hey, Baby, kein Bedarf.»). Und wenn er darauf eingeht – und viele Jungs werden das aus den ausführlich erläuterten Gründen tun –, erwartet er, dass Ihr Interesse echt ist. Natürlich haben Sie auch weiterhin das unumstößliche Recht, die ganze Sache abzubrechen. Nur müssen Sie dann damit rechnen, dass Ihr Flirtgegenüber unwirsch und enttäuscht reagiert. Im Englischen gibt es für das Verhalten von Frauen, die Männer zunächst anfixen und dann hängen lassen, den Begriff *cock-tease*, was frei übersetzt bedeutet: «am Schwanz ziehen». Also: Ziehen Sie an dieser heiklen Stelle bitte nur, wenn Sie das, was Sie damit bestellen, auch wirklich haben wollen!

Und was ist mit sexy Klamotten? Hier kann Entwarnung gegeben werden: Allein von knapper und figurbetonender Kleidung fühlt sich kaum ein Mann zum Sex eingeladen! Männer schätzen zwar sexy Kleidung an Frauen, die Kurven betont und Einblicke gewährt, aber sie gehen zum Glück nur in sehr seltenen Fällen davon aus, dass die Trägerin unmittelbar auf Geschlechtsverkehr aus ist. Und wenn in manchen Prozessen vor Gericht, in denen es um Vergewaltigung geht, den Frauen eine Mitschuld zugeschoben werden soll, weil sie einen Mini und tiefen Ausschnitt trug, so ist das nichts anderes als eine unverfrorene Taktik der Verteidigung.

Nach der Pflicht folgt die Kür: So bleiben Sie im Gespräch

So, der Einstieg wäre geschafft. Sie haben, mittels welcher Methode auch immer, Kontakt zu dem Mann mit den betörend blauen (grünen, bernsteinfarbenen …) Augen und den entzückenden Grübchen (Wimpern, Pianistenhänden, Hollywoodzähnen) aufgenommen. Jetzt stehen Sie bei ihm und unterhalten sich – und natürlich möchten Sie jetzt

a) einen optimalen Eindruck hinterlassen
b) viel über Ihr Gegenüber erfahren, um herauszufinden, was Sie genau von ihm wollen bzw. ob Sie überhaupt was wollen und
c) möglichst nicht das zarte Pflänzchen des Flirts im Keim ersticken, nur weil Sie nichts mehr zu sagen wissen.

Das ist alles noch viel leichter getan als gesagt. Sie dürfen sich also entspannen! Denn die wichtigste Flirtphase – den Einstieg – haben Sie zu diesem Zeitpunkt bereits hinter sich gebracht. Frauen machen sich oft viel zu viele Sorgen über ihre Wirkung auf Männer. Denkt er vielleicht, ich bin zu dick? Oh, ich habe bestimmt Schweißflecken unter den Armen vor Aufregung, das findet er sicher eklig … Himmel, warum hab ich nur heute Morgen dieses schwarze T-Shirt angezogen, von dem Ulrike sagt, es macht mich blass, aber woher sollte ich auch wissen, dass mir dieser umwerfende Mann über den Weg läuft … Warum habe ich nur kein Parfum benutzt? Irgendein Grund zu sinnlosem Grübeln und wahlloser Selbstkasteiung findet sich für Frauen immer. Absolut zu Unrecht! Denn wenn Sie bereits Blickkontakt mit einem Mann hatten und Sie sich sogar einander angenähert haben, gibt es eigentlich keinen Grund, sich Sorgen zu machen: Dann haben Sie bereits einen sehr guten Eindruck gemacht. Erfahrungsgemäß ist so ein Eindruck extrem schwer zu zerstören. Da müssten Sie schon schweres Geschütz auffahren. Mitten im Gespräch anfangen, per Handy mit Ihrer besten Freundin zu telefonieren, um ihr zu erzählen, was Sie gerade für einen unglaublichen Idioten kennen gelernt haben, beispielsweise. Und selbst das wird der «unglaubliche Idiot» vermutlich einfach nur für einen unglaublich guten Scherz halten, wenn Sie ihm bis jetzt nicht schräg gekommen sind. Mit anderen Worten: Der Einstieg des Flirts war die Pflicht – die haben Sie bereits mit Bravour hinter sich gebracht. Alles, was jetzt kommt, ist die Kür. Deren Ziel: A-Noten in puncto Charme und Betörung.

Ein Kompliment zur rechten Zeit (Betören, leicht gemacht I)

Wenn Sie einen Mann ganz besonders betören wollen, dann gibt es dazu einen sehr einfachen Weg. Nein, dazu müssen Sie sich weder ausziehen noch den Lippenstift ordentlich nach- und den Bauch einziehen oder versprechen, dass Sie mit ihm am nächsten Samstag ins Fußball-Stadion gehen. Es ist viel simpler: Machen Sie ihm ein Kompliment. Sogar nach einer repräsentativen Umfrage des Meinungsforschungsinstitutes Forsa sind die Hälfte der Männer sehr angetan, wenn sie mit Schmeicheleien bedacht werden. Und wirklich dagegen hat so gut wie keiner was. Sie können also nichts falsch machen.
Was für Männer seit jeher selbstverständlich ist – Frauen nette Sachen über ihr Aussehen und ihr Wesen zu erzählen –, ist für Frauen umgekehrt noch lange nicht gang und gäbe. Und genau hier liegt das Potenzial der verbalen Schmeichler. Männer rechnen nicht mit ihnen, und darum überwältigt es sie besonders, wenn sie welche zu hören bekommen – zumal nicht von ihrem Fußball-Trainer, der sie für

ihr Dribbling lobt, sondern von einer tollen Frau wie Ihnen. Wofür Sie einem Mann Komplimente machen sollen? Sehen Sie ihn an, hören Sie ihm zu. Es wird ja irgendetwas geben, weshalb er Ihnen aufgefallen ist – oder weshalb Sie ihm noch nicht sofort den Rücken gekehrt haben. Männer hören, wie Frauen auch, für eine Menge Sachen gern Komplimente. Nur sie bekommen sie, nach eigenen Angaben und auch wirklich nur tendenziell, ein bisschen lieber in Bezug auf Eigenschaften, für die sie auch was können. Also besondere Fähigkeiten zum Beispiel. Etwa ihre große Gabe, etwas plastisch zu erzählen. Oder ihren tollen Humor. Oder ihren mühsam antrainierten Waschbrettbauch, der so sexy unter ihrem T-Shirt hervorblitzt. Oder (ja tatsächlich, Männer sehen das als persönliche Errungenschaft an) ihr großartiges Kraftfahrzeug mit den vielen PS und der Lederausstattung, das sie sich nur leisten konnten, weil sie im letzten Jahr in ihrer Firma alles gegeben haben. All diese Dinge sind erklärbar, die haben die Herren mit ihrer eigenen Hände Schweiß … oder wie hieß das noch gleich? Egal: Jedenfalls hat hier Mutter Natur höchstens bei den Grundbedingungen mitgewirkt: Sie gab genug Durchhaltevermögen und Willensstärke zum Waschbrettbauch-Training. Oder Durchsetzungsvermögen und Tatkraft, um den Posten innerhalb des Unternehmens zu erreichen, der ihnen ein so gutes Gehalt beschert hat, dass sie sich den Sportwagen leisten konnten. Ein paar Männer zum Thema:

> «Ich freue mich sehr über ein Kompliment, aber wenn es für etwas ist, für das ich nichts kann, wie z. B. ‹Du hast schöne Augen›, kann ich komischerweise nicht gut damit umgehen, da es ja nicht mein persönliches Verdienst ist.»
>
> INGO, 27, KONTAKTER

> «Ich weiß nie so richtig, wie ich mit Komplimenten umgehen soll, aber natürlich bekomme ich trotzdem gern welche. Am liebsten höre ich was über konkrete Leistungen, vielleicht auch für meine Kleidung. Aber wenn es um Dinge geht, die

ich selbst nicht nachvollziehen kann …? Also, angenommen, man würde mir zu irgendwelchen körperlichen Attributen Komplimente machen, wäre ich wohl schon ziemlich verlegen.»

OLLIE, 35, INDUSTRIEKAUFMANN

«Klar kriege ich gerne Komplimente. Über meine ‹tollen Augen›, zum Beispiel. Meinen ‹schönen Mund›, meinen ‹sexy Po›. Ob ich damit Schwierigkeiten habe? Nö, wieso? Stimmt doch.»

JAN, 32, GITARRIST UND GELEGENHEITSMODEL

Mit Komplimenten wie «Wow, ich habe noch nie solche Augen gesehen, grün mit goldenen Sternchen um die Pupille» können nur sehr selbstsichere Männer wie Jan souverän umgehen. Schüchterne Männer wie Ingo und Ollie geraten dabei völlig aus der Fassung. Was ja nicht unbedingt schlecht ist, wenn Sie vorhaben, den Herrn mit Ihrem Charme förmlich umzuhauen. Eine Frau würde über das gleiche Kompliment natürlich auch zunächst vor Glückseligkeit strahlen und vielleicht geschmeichelt die Augen niederschlagen, sich dann aber ganz selbstverständlich bedanken, weil sie weiß: Er hat ja Recht! Frauen haben im Laufe ihres Lebens eben gelernt, wie Komplimente anzunehmen sind. Männer haben damit hingegen kaum Erfahrung. Wenn gestandene Kerle plötzlich rote Wangen bekommen wie kleine Schuljungs, herumstammeln oder verlegen den Blick senken wie keusche Mädchen vergangener Jahrhunderte, dann haben sie ein Kompliment bekommen, das sie überwältigt hat. Erschrecken Sie also nicht, wenn Ihr Gegenüber plötzlich etwas einsilbig reagiert, er weiß nun mal nicht, was er darauf erwidern soll. Werden bereits kleine Mädchen für ihre tollen Haare oder ihr niedliches Stupsnäschen gelobt, kriegen Jungs meist nur Anerkennung für ihre Leistungen: die Sandburg, die sie gebaut haben, das Lego-Haus oder ihre Tore beim Fußball. Lassen Sie sich nicht abhalten, machen Sie gezielte Komplimente für Äußerlichkeiten. Irgendwann werden auch die Männer sich daran gewöhnen, für ihre angenehme Erscheinung Nettigkeiten zu hören (hoffentlich nicht).

Die goldenen Regeln des gelungenen Kompliments

- Überlegen Sie, was der Mann, mit dem Sie flirten, an sich selbst gut findet. Was kehrt er im Gespräch heraus? Den Spitzensportler, den allwissenden Intellektuellen oder den lässigen Musikkenner? Komplimente für eine Eigenschaft oder Rolle, in der er sich gerne sieht («Wahnsinn, was du alles gelesen hast!»), lassen Männeraugen strahlen. Achtung: Bitte jede Ironie vermeiden!
- Besonders raffiniert ist es, wenn Sie nicht den direkten Weg wählen, sondern erwähnen, was die von Ihnen bewunderte Eigenschaft mit Ihnen macht. Statt zu sagen: «Du hast so schöne blaue Augen», können Sie einmal tief durchatmen und sagen: «Verzeihung, ich musste mich kurz sammeln, wenn du mich so ansiehst, wird mir ganz schummerig.» Oder statt: «Oh, wie lustig», können Sie sagen: «Ich bin selten Männern begegnet, die mich so zum Lachen bringen konnten wie du.»
- Bei aller Taktik: Sie sollten das vertreten können, was Sie sagen! Suchen Sie sich also etwas aus, was Sie an ihm wirklich gut finden: den Wortwitz, die sonore Stimme, seine Herzlichkeit, die hypnotisierenden Augen – was auch immer.
- Umschiffen Sie wunde Punkte. Einem Mann mit Haarausfall tolle Sachen über seine schönen Locken zu erzählen, selbst wenn die (noch) verbliebenen tatsächlich ganz hübsch sind, wirkt allenfalls zynisch und wird seine Trauer über den erwartbaren Verlust des Restbestands noch verstärken.

- Setzen Sie auf Qualität statt auf Quantität. Mehr als ein, zwei ehrlich gemeinte Komplimente pro Treffen verkraftet kein Mann. Die Schüchternen würden Sie mit mehr Schmeicheleien einer Ohnmacht gefährlich nahe bringen, die Supergutaussehenden katapultieren Sie damit in Gefilde des Größenwahns.
- Männer sind sehr anspruchslos, was Komplimente betrifft. Wenn Ihnen nichts Besseres einfällt, können Sie sogar mit einer vermeintlich einfallslosen Bemerkung über ein geschmackvolles Hemd punkten. Hauptsache, Sie sagen überhaupt etwas.

Der psychologische Effekt ist bei allen Komplimenten der gleiche: Sie erzeugen bei demjenigen, der das Kompliment bekommt, ein angenehmes Gefühl – je verlegener er dadurch wird, umso besser. Er fühlt sich wertgeschätzt und dadurch im Idealfall auch wertvoll. Um dieser (Fremd-)Beurteilung ein reelles Gewicht auch in der Selbsteinschätzung zu verleihen, darf die Urheberin der Schmeichelei per se natürlich keine dämliche Vollidiotin sein, keine Frau, der man selber niemals ein Kompliment machen würde. Statt nun aber kritisch zu prüfen, ob er dem Braten trauen kann, fällt der gebauchpinselte Mann einer sehr menschlichen Schwäche anheim: Er deklariert die Frau, die ihm ein so schönes Gefühl bereitet hat, kurzerhand zur Koryphäe auf dem Gebiet der «kompetenten Beurteilung fremder Männer». Er stilisiert sie ohne zu zögern zu einer Frau, die es wissen muss. Einer Frau, die eine solche Beurteilung nicht einfach grundlos aus dem Ärmel schüttelt. Und warum? Weil sie selbst so unglaublich begehrt, so schön, so umschwärmt von Männern ist, dass sie genau weiß, wovon sie spricht. Je mehr Männer die Urheberin des Kompliments theoretisch zur Auswahl hat und je kritischer und unbestechlicher dadurch ihr Blick in puncto Männer, umso wertvoller erscheint das Kompliment. Und weil es wertvoll erscheinen *soll*, wird einfach mal festgelegt: Die Frau, von der ich es bekommen habe, muss toll sein. Supertoll. Eine Göttin, sozusagen. Amen! Ist das nicht großartig? Sie schenken einem Mann ein klitzekleines, mehr oder weniger phantasievoll dekoriertes Kompliment, und er hält Sie zum Dank dafür (und um sich selber möglichst toll zu fühlen) für die umwerfendste Frau, die jemals ihren Fuß auf Gottes Erden gesetzt hat. Es kann gar nicht oft genug betont werden: So ein Preis-Leistungs-Verhältnis suchen Sie woanders vergeblich.

Seien Sie eine «Kavaliese», keine Tussi (Betören, leicht gemacht II)

> «Du liebst ihn nur, weil er ein Auto hat und nicht – wie ich – ein klappriges Damenrad. (…) Du gehst mit ihm essen, natürlich ins Ritz. Bei mir gibt's nur Currywurst mit Pommes frites. Doch eines Tages werd ich mich rächen, ich werd die Herzen aller Mädchen brechen (…)»
> Die Ärzte

> «Zickenhaftes Getue finde ich abturnend. Auch mag ich diese Erwartungshaltung nicht: Ich bin eine Frau, also mach mir die Tür auf, also komm ich in die Disco umsonst rein, also krieg ich den einzigen freien Sitzplatz in der Bahn, also brauch ich meine Getränke nicht selbst bezahlen … Am meisten jedoch stört mich Überheblichkeit, Frauen, die so gucken, als wollten sie sagen: Ach, was will denn der Kleine?!»
> Paul, 22, Azubi

Fast alle Männer wissen wie Paul «Horrorgeschichten» zu erzählen über Frauen, die sie mit Tussi-Gehabe verschreckt haben. Oft sind das sehr junge Frauen, die ihre Unsicherheit damit überspielen wollen, dass sie sich arrogant und fordernd zeigen. Die nicht mal

«Danke» sagen, wenn ihnen ein netter Mann ein Getränk ausgibt, weil ihnen irgendwer mal gesagt hat (vielleicht ihre Oma), so etwas sei selbstverständlich. Die von Männern erwarten, dass ihnen in den Mantel geholfen wird, dass sie ins Kino eingeladen werden und so weiter und so fort.

Aber natürlich gibt es auch eine Menge Frauen, vielleicht ja auch Sie, die für ihren Verzehr normalerweise gerne selbst aufkommen und durchaus auch mal den Mann einladen könnten und möchten, sich aber zuweilen fragen:

- *Wollen* Männer nicht vielleicht insgeheim, dass Frauen sich divenhaft verhalten?
- *Wollen* Männer nicht, irgendwo im tiefsten Innern, den großen Gönner spielen, um sich gut zu fühlen?

Es ist ganz normal, dass solche Fragen aufkommen, wenn man sich ansieht, wie scheinbar selbstverständlich manche Jungs um manche Frauen herumwieseln. Interessanterweise fügen sich Männer der weiblichen Erwartungshaltung meistens. Sie zücken ihr Portemonnaie und tun in jeder Hinsicht, was die Diven von ihnen erwarten. Und das oft nur aus einem Grund: Weil sie annehmen, dass sie müssen. Die Männer glauben nicht nur, dass die einzelnen Frauen das von ihnen erwarten, sondern viele sind immer noch der Ansicht, dass dieses Verhalten gesamtgesellschaftlich von ihnen verlangt wird. Und das war sicher auch einmal so – vor längerer Zeit. Die ganze Angelegenheit gefällt den Männern zwar nicht, aber sie machen lieber die Faust in der Tasche, als laut aufzumucken. Was sollen sie auch schon sagen? Sollen sie Szenen riskieren – hierzu sollten Sie wissen, dass Männer vor weiblichen Szenen ungefähr so viel Angst haben wie Frauen vor tellergroßen Vogelspinnen – oder zumindest unerquickliche Diskussionen vom Zaun brechen? Und das «nur», weil sie das sagen, was ihnen auf der Zunge liegt? Etwa «Beate, ich studiere genauso wie du und habe wenig Geld. Warum soll ich dich denn einladen?» oder, zum mit der Rechnung wedelnden Kellner gewandt:

«Wir zahlen getrennt.» Wollen Männer daraufhin hören, dass der tolle Macker von Freundin Susi ebenjene Susi kürzlich zu einem Kurztrip nach Göteborg eingeladen hat? Oder dass der Lover von Heike Heike regelmäßig ins beste französische Restaurant ausführt? Nein, da machen die Jungs lieber gute Miene zum bösen Spiel und hoffen zumindest auf eine Belohnung für ihr Wohlverhalten. Eine Belohnung mit Sex, um genau zu sein.

Machen Sie sich klar: Dic Regelungen, die besagen, dass Männer Frauen zu Essen und Getränken einladen und Koffer schleppen *müssen*, stammt ursprünglich aus Zeiten, als Frauen ziemlich unpraktische Klamotten wie Reifröcke trugen, das Wort «Lady-Fitness» noch nicht erfunden war und Frauen vor allem keine oder nur sehr wenige Rechte hatten. Aus Zeiten, als Frauen keine höhere Ausbildung genossen, kein eigenes Geld verdienten und der um sie werbende Mann seine finanzielle Potenz unter Beweis stellen musste, um zu garantieren, dass er die Frau im Falle einer Ehelichung auch ernähren konnte. Damals war es nicht mehr als recht und billig, dass die Männer die Frauen ein bisschen hofiert haben. Ein kleiner Ausgleich, sozusagen. Und natürlich ist es auch heute noch schön, von einem Mann mit Kavaliersqualitäten verwöhnt zu werden. Interessanterweise sind es oft die konservativen, meist schon etwas älteren Männer, die ohne Murren mit Frauen so (vermeintlich) «respektvoll» umgehen. Die insgeheim aber der Ansicht sind, dass Frauen ins Haus und an den Herd gehören und Männer das Geld verdienen sollten. Die Männer, die sich hingegen mit dem Ganzen schwer tun, sind gerade die jüngeren Männer, die Gleichberechtigung wörtlich nehmen – was ja eigentlich eine lobenswerte Einstellung ist. Erkennen Sie den jeweiligen Zusammenhang?

Halt, bevor es hier zu Missverständnissen kommt: Höflichkeit und zuvorkommendes Verhalten sind eine wunderbare Sache! Aber keine, die das eine Geschlecht ausschließlich von dem anderen erwarten sollte bzw. das nur für eine bestimmte Bevölkerungsgruppe – die Männer – gelten sollte. Männer können Frauen natürlich zu Getränken einladen und ihnen Türen aufhalten und sich auch ansonsten zuvorkommend zeigen. Aber sie sollten das freiwillig tun! Und Frauen dürfen genauso gut mal die «Kavaliese» herauskehren, die Männer einlädt und ihnen beim Schleppen von schweren Taschen zur Hand geht.

Und an dieser Stelle kommen wir zum Flirtrelevanten der Geschichte: Dadurch, dass Männer zuvorkommendes Verhalten von einer Frau genauso wenig erwarten wie Komplimente, wird die Sache zu einem exzellenten Mittel, um sich bei einem Mann eine Menge Sympathiepunkte zu erspielen. Die Herren wünschen sich zwar beides von den Frauen, aber weil sie so selten in den Genuss kommen, haben viele die Hoffnung schlicht aufgegeben. Umso toller finden sie es, wenn Frauen so ganz anders sind, als sie es gewohnt sind. Keine Tussis, sondern, zumindest ab und an, echte «Kavaliesen». Um einen Mann restlos zu beeindrucken, machen Sie sich also am besten Folgendes zur Gewohnheit:

- Erwarten Sie nie, dass ein Mann derjenige ist, der fürs Bezahlen zuständig sein muss.
- Lädt er Sie ein oder hilft er Ihnen mit dem Mantel oder dem Stuhl, seien Sie positiv überrascht, bedanken Sie sich unbedingt und geben Sie ihm damit zu verstehen, dass Sie dieses Verhalten nicht als selbstverständlich erachten und es umso mehr zu schätzen wissen. Dann wird es ihm Spaß machen, Ihnen gegenüber freundlich und aufmerksam zu sein.
- Laden Sie einen Mann auch mal ungefragt zu Kaffee, Bier – oder was auch immer Sie gerade gemeinsam verzehrt haben – ein. Allerdings bitte nie, nie, nie als Anmache («Ein Pils für den Süßen da drüben»), das kommt allenfalls in der Werbung vor. Erinnern Sie sich, wie bescheuert Sie die Männer immer fanden, die auf ähnliche Art und Weise Kontakt zu Ihnen aufnehmen wollten. Nur, weil sich eine Frau zur Abwechslung machomäßig verhält, wird das machomäßige Verhalten nicht weniger machomäßig.

Verstehen Sie das jetzt bitte nicht miss: An anderer Stelle dieses Buches haben Sie bereits gelesen, dass Männer sich, wenigstens ein bisschen, anstrengen wollen, um einer Frau zu gefallen. Das steht nur scheinbar im Widerspruch zu dem hier Erwähnten. Männer, das ist richtig, möchten ein wenig balzen, um das Gefühl zu bekommen, dass die Frau, um die es sich dreht, etwas Wertvolles ist. Dieses Gefühl erzeugen Sie aber bei den Herren in erster Linie damit, dass Sie sie nicht sofort «ranlassen» an Ihr Allerheiligstes, und keineswegs damit, dass Sie sie herumkommandieren und sich den Allerwertesten hinterhertragen lassen. Aber da Sie selbst das alles vermutlich sowieso nie vorhatten und auch noch nie getan haben, verstehen Sie diesen Absatz bitte nur als Hinweis der Vollständigkeit halber.

Panta rei: Lassen Sie ihn reden! (Betören leicht gemacht III)

Männer betonen ja gern und oft auch unaufgefordert, dass Frauen Quatschtanten sind, die von morgens bis abends reden, während sie – die Männer, diese überaus rationalen Geschöpfe – solches «Gelaber» für überflüssig halten. Männer, sagen die Männer, reden nicht, sie tauschen Informationen aus. Und das, sagen die Männer, tun sie auch nur, falls unbedingt nötig. Punkt. Applaus! Nicht ein Wort zu viel wird da gesprochen, darauf sind die Herren stolz, als sei das gesprochene Wort eine wertvolle Ressource, die irgendwann erschöpft ist und mit der man sparsam umgehen muss. Wissenschaftler gießen Wasser auf die Mühlen der wortkargen Wölfe, denn sie messen immer mal wieder den Redefluss der Geschlechter. Und kommen dann auf Ergebnisse wie jenes, dass Frauen angeblich mehr als doppelt so viele Wörter pro Tag absondern als die Jungs. Um genau zu sein: 23 000. Verschwendung – oder etwa nicht?

Wirft man mal einen Blick auf den Verwendungszweck dieser Wörter, sieht die Sache schon ein bisschen anders aus. Denn Männer und Frauen verfolgen häufig andere Ziele mit ihren kommunikativen Handlungen: Frauen nutzen das Gerede, um ihre Beziehungen zu pflegen, Anteil zu nehmen und sich Stress von der Seele zu laden. Männer verwenden Worte überproportional oft zur Selbstdarstellung vor Publikum. In Talk-Shows und bei anderen öffentlichen Gelegenheiten sprechen Männer nachweislich wesentlich mehr als die anwesenden Frauen und fallen Letzteren wiederholt ins Wort. Doch nicht nur dort: Auch im Job sprechen Männer mehr, in gemischtgeschlechtlichen Diskussionsrunden und bei Vorstellungsgesprächen – weshalb ihnen leider oft bei gleicher Qualifikation der Vorzug vor einer Bewerberin gegeben wird –, das hat wenigstens die Berliner Psychologin Monika Sieverding herausgefunden.

Und nach diesem kleinen Schlenker landen wir wieder zuverlässig beim Thema «Flirt», denn was ist ein Flirt für einen Mann anderes als eine Art Vorstellungsgespräch bei einer Frau? Männer möchten sich in positivstem Licht präsentieren. Nutzen Sie diese Neigung!

- Sie widerlegen damit sofort das Vorurteil, Frauen würden jede Gelegenheit nutzen, um ihre Umgebung zuzutexten.
- Sie erhalten wertvolle Informationen über Ihren Flirtpartner, sein Leben, seine Einstellungen. Sie erkennen sofort Gemeinsamkeiten, auf die Sie im Verlauf des Gesprächs zurückgreifen können. Denn wenn Sie sich darauf konzentrieren und die Unterschiede unter den Tisch fallen lassen, erzeugen Sie einen Eindruck von Seelenverwandtschaft – das wirkt immer sehr positiv auf andere Menschen, bekommen jene doch den Eindruck: Endlich versteht mich jemand!
- Sie können früh abschätzen, was genau Sie von ihm wollen könnten (nur diesen Flirt/eine schlaflose Nacht/eine heiße Affäre/ein Kind/ein Hustenbonbon/irgendwie eigentlich doch gar nichts).
- Die erhaltenen Informationen können Sie benutzen, um später ganz unverbindlich ein zweites Treffen einzustielen – natürlich

nur, falls Sie daran noch Interesse haben sollten. Wenn er von seiner Band erzählt, geben Sie sich begeistert und fragen Sie, ob Sie mal einer Probe oder einem Auftritt beiwohnen dürfen. Berichtet er von seinem Kunstinteresse, lassen Sie sich eine aktuelle Ausstellung empfehlen – die Sie dann selbstverständlich gemeinsam aufsuchen. Erzählt er von seinem Segelboot, dürfen Sie fragen, ob er Sie mal mitnimmt. Er joggt – und Sie auch? Prima, treffen Sie sich zum Training im Stadtwald. Das kommt Ihnen aufdringlich vor? Seien Sie nicht naiv: Was glauben Sie, warum er Ihnen das erzählt?

- Nur der Mann kann sich in der Zeit, in der er spricht, um Kopf und Kragen reden. Sie nicht. Sie machen nur ein interessiertes Gesicht und einen guten Eindruck und sind völlig entspannt im Hier und Jetzt.

Alles schön und gut, aber ausgerechnet dieser Typ scheint eines von den Exemplaren zu sein, die weder im Privaten noch vor Publikum viel redet? Ein Schweiger der Extraklasse? Wahrscheinlich findet er Sie so toll, dass es ihm die Sprache verschlagen hat.

Sie haben jetzt drei Möglichkeiten:

1. *Sie schweigen mit ihm.* Das ist durchaus einen Versuch wert. Die meisten Männer wünschen sich Frauen, mit denen sie nicht nur, O-Ton Männer, «reden müssen», sondern auch mal «schweigen können» – genau wie mit ihren Kumpels. Allerdings ist es zugegebenermaßen ziemlich viel verlangt, endlose Gesprächspausen ohne Panikattacken zu überleben, besonders wenn man sich gerade erst kennen gelernt hat und das Schweigen des anderen überhaupt nicht einordnen kann: Was denkt er jetzt bloß von mir? Mein Gott, warum sagt er nichts mehr – hab ich was falsch gemacht? Hab ich Mundgeruch? Denkt er an seine Freundin und hat ein schlechtes Gewissen, weil er mit mir geflirtet hat? Wollen sich Frauen diesem Psychoterror nicht aussetzen, wählen sie häufig Option zwei.

2. *Sie reden selbst.* Und reden. Und reden. Weil sie Angst davor haben, dass das Gespräch im Nichts versiegen könnte und der Mann das Weite sucht, wenn Sie aufhören, mit Worten seine Aufmerksamkeit zu fesseln. Sie können jedoch sicher sein, dass gerade die wortkargen Exemplare der Spezies Mann eher das Weite suchen werden, wenn Sie das Vorurteil der endlos parlierenden Frau bestätigt sehen. Auch wenn der parlierenden Frau das Parlieren wie reine Notwehr erscheinen mag.
3. *Sie bringen ihn zum Reden.* Natürlich nicht wie eine Mafia-Chefin mit vorgehaltener Waffe, sondern mit gezielten Fragen. Wenn er nicht mal Rudimentärstes über sich selbst hat verlauten lassen, müssen Sie ihm die Basis-Informationen notgedrungen erst mal aus der Nase ziehen: Was macht er beruflich? An welchem Hobby hängt sein Herz? Hat er Haustiere? Wo war er zuletzt in Urlaub? Solche Details erfahren Sie am ehesten, wenn Sie ganz kurz über Ihre eigenen Interessen/Ihren letzten Urlaub/Ihren Beruf et cetera erzählen und dann die Gegenfrage stellen. Sobald er etwas erwähnt, was Ihrer Meinung nach ein bisschen ausführlicher erläutert werden kann, haken Sie ein. Dabei ist es umso besser (aber nicht Bedingung), je obskurer das Thema ist – etwa ein merkwürdiges Hobby – und Sie vermuten dürfen, dass er recht selten Frauen begegnet, die sich dafür interessieren. Umso mehr Eindruck machen Sie mit Ihrem Interesse und umso begeisterter wird er Ihnen berichten. Will sagen: Hat er eben erwähnt, dass er Pilze sammelt, erkundigen Sie sich, worauf man dabei so achten muss. Lassen Sie sich das Pilzesammeln von A–Z erklären. Erzählt er Ihnen, dass er Experimente mit Klangteppichen macht, lassen Sie sich erläutern, was es damit auf sich hat. So was gibt's doch gar nicht? Seien Sie versichert: Es gibt eine Unzahl von Männern, die sich mit sehr, sehr seltsamen Dingen beschäftigen.

Egal, was und worüber er erzählt und ob er von alleine monologisiert oder Sie ihn zum Erzählen animieren müssen: Jetzt ist es ganz wichtig, dass Sie ihm wirkliches Interesse vermitteln. Das kriegen Sie am allerbesten hin, wenn Sie die Tugend des aktiven Zuhörens beherrschen. Nichts wirkt sympathischer als Menschen, die ihrem Gegenüber voller Anteilnahme ihr Ohr schenken, denn Sie machen dem Redner damit quasi ein nonverbales Kompliment – auf der anderen Seite ist nichts verunsichernder als Leute, die merklich mit ihren Gedanken abschweifen. Übrigens: Das gilt natürlich nicht nur für Flirts.

Aktives Zuhören macht sympathisch – die wichtigsten Regeln:

1. Vergewissern Sie sich, dass Sie Ihrem Gegenüber Ihre volle Aufmerksamkeit widmen. Konzentrieren Sie sich auf ihn. Denken Sie möglichst nicht daran, ob Ihr Auto im Halteverbot steht oder nicht – falls Sie solche Gedanken wirklich bedrücken, gehen Sie lieber kurz vor die Tür und sehen nach. Lassen Sie Ihren Blick nicht durch den Raum wandern und sich nicht ablenken. Tun Sie so, als säßen Sie vollkommen allein mit diesem Mann auf einer Parkbank (sofern Sie sich dort nicht tatsächlich schon befinden). Der Mann, den Sie doch beeindrucken wollen, wird – bewusst oder unbewusst – in jedem Fall merken, wenn Sie mit Ihrer Aufmerksamkeit abschweifen, und vermutlich ins Stocken geraten.
2. Kontrollieren Sie noch einmal bewusst Ihre Körperhaltung: Öffnen Sie verschränkte Arme, lehnen Sie sich leicht in Richtung des Sprechers und blicken Sie ihn an. Damit Sie sich nicht vorkommen wie ein hypnotisiertes Kaninchen Auge in Auge mit der Schlange, noch einmal der Tipp: Schauen Sie zwischendurch auf seine Nasenwurzel oder eine Augenbraue. Lassen Sie ab und an Ihren Blick auf seinen Mund schweifen. Und nicken Sie hin und wieder als zustimmende Geste. Stützen Sie nicht Ihr Kinn auf die Hand – das ist ein echter Flirtfauxpas, weil diese Geste nichts als gähnende Langeweile ausdrückt. Wenn Sie plötzlich

feststellen, dass Sie diesen Mann tatsächlich unfassbar öde finden, sollten Sie die Sache besser früher als später beenden. Erinnern Sie sich: Sie sind zu nichts verpflichtet! (Wie Sie unliebsame Jungs wieder loswerden, erfahren Sie später im Abschnitt «Die Geister, die ich rief …».)

3. Zeigen Sie Ihre Zustimmung mit kurzen «Mmmms» oder sagen Sie so etwas wie «Tatsächlich? Unglaublich!» Selbstverständlich nur, wenn Sie diese Äußerungen ehrlich meinen.
4. Falls Ihnen Ihr Flirtpartner von einem Problem erzählt: Versuchen Sie nicht sofort, eine Lösung zu finden (auch wenn Sie eine hervorragende parat hätten) und diese dann zu äußern. Hören Sie ihm einfach weiter zu.
5. Ein Trick, um auch bei längerem Zuhören mit den Gedanken nicht abzuschweifen: Stellen Sie sich das Gesagte bildlich vor. Zeigen Sie dann wirkliches Interesse, indem Sie sich nach Details und Hintergründen erkundigen. Das veranlasst Ihr Gegenüber, noch mehr von sich preiszugeben.
6. Wenn Sie irgendetwas nicht richtig verstanden haben: Fragen Sie nach, indem Sie wiederholen, was Sie meinen, verstanden zu haben. Das ist kein Zeichen von Schwäche, sondern macht außerordentlich sympathisch.

Wenn Sie diese Regeln beherzigen, wird der Mann Sie mutmaßlich schwer in Ordnung finden. Ob Sie ihn freilich auch noch schwer in Ordnung finden, nachdem Sie jetzt seine Lebensgeschichte, seine Hobbys, seine politischen Ansichten – und weiß der Kuckuck, was noch alles – kennen, sei erst mal dahingestellt. Falls Sie ihn eher für einen ausgemachten Spinner halten, bewahrt Sie die Strategie des Zuhörens vor einer Menge verschwendeter Zeit. Stellen Sie sich vor, Sie würden sich mit dem Kerl erst noch dreimal verabreden und erst dann rauskriegen, dass Sie ihn eigentlich total doof finden – dann doch besser so, nicht wahr? Aber vielleicht gefällt er Ihnen ja auch außerordentlich, und er konnte Sie doch tatsächlich für die Sache mit den Pilzen und Klangteppichen begeistern …

Es gibt noch ein paar weitere Dinge, die Sie im Gespräch mit Ihrem persönlichen Traumtypen beachten sollten. Zudem gibt es einiges, das auch in jeder anderen Unterhaltung – ob beruflicher oder privater Natur – hilfreich sein kann.

ERLIEGEN SIE NICHT DEM TELEPATHIE-MISSVERSTÄNDNIS! Sie haben es also tatsächlich geschafft, Kontakt zu dem Supermann am Tisch nebenan aufzunehmen, den Sie so sympathisch und sexy finden, dass Sie spontan Phantasien gemeinsamer Matratzengymnastik/gemeinsamer Kinder/gemeinsamer Urlaube entwickeln. Insbesondere introvertierte Frauen haben aber in einer solchen Situation nun große Probleme, aus sich herauszugehen. Gerade weil sie von ihrem Gegenüber mehr als begeistert – oder vielleicht, in anderen Kontexten als einem Flirt, auch «nur» beeindruckt – sind, verschlägt es ihnen die Sprache. Dabei sind sie allerdings gleichzeitig der irrigen Ansicht, man sehe ihnen sämtliche Gedanken an der Nasenspitze an. Die empfundene Aufregung wird sich dort und auf ihren Wangen zwar sicher in Form einer hübschen Rötung bemerkbar machen, alles andere müssen sie trotzdem laut und vernehmlich äußern. Den Mann erst mal reden zu lassen ist die eine Sache, ihn aber über längere Zeit nur mit großen Augen anzusehen und weniger zu sagen als ein Goldfisch, ist wiederum eine ganz andere. Das wird auch den extrovertiertesten Redner irgendwann verunsichern. So sagen Sie dann zwar nichts Falsches, aber auch nichts Richtiges, sondern Sie bleiben vielmehr konturenlos. Das ist viel schlimmer als anzuecken!

Darum ist es wichtig, kommunikative Übung zu bekommen. Sie müssen als Schüchterne ja nicht gleich die Sprecherin Ihres Sportvereins werden. Aber nehmen Sie sich vor, täglich einmal ein paar Worte mit einer fremden Person zu wechseln – egal welchen Geschlechts, egal welchen Alters. Selbst wenn es ein Plausch über das

Wetter oder die Parkplatzsituation mit der Verkäuferin am Kiosk nebenan ist oder das kurze Schwätzchen mit der älteren Dame im Erdgeschoss – im Ernstfall werden Sie dann auch gegenüber einem Mann nicht mehr nach Worten suchen müssen. Hilfreich bei der allgemeinen Gestaltung eines jeden Gesprächs ist auch der folgende Tipp:

Seien Sie up to date! Damit ist nicht Ihre textile Umhüllung gemeint, sondern die allgemeine Informiertheit über das politische und kulturelle Tagesgeschehen. So verfügen Sie nicht nur stets über aktuelle Themen, die Sie im Gespräch antippen können, es gibt auch Sicherheit, wenn Sie zumindest wissen, wovon die Rede ist, sobald Aktuelles angeschnitten wird. Nichts ist unangenehmer, als wie der sprichwörtliche Ochs vorm Berg zu stehen, wenn Ihr Gegenüber über das Wahlergebnis der letzten Kommunalwahlen oder den Gewinner des Friedensnobelpreises schwadroniert und Sie von den entsprechenden Ereignissen leider, leider nichts mitbekommen haben. Etwa, weil Sie die letzten Monate von allen Medien abgeschirmt in Ihrem Arbeitszimmer gesessen haben, um einen Flirtratgeber zu schreiben (also nur so zum Beispiel ...) Das sind dann die Momente, in denen man sich selber gut zuredet: «Sag jetzt besser nix. Wenn du zugibst, dass du von dem Thema nichts mitbekommen hast, hält der Typ dich für unglaublich dämlich. Andererseits: Wenn du nichts sagst, vielleicht auch. Am besten das Thema wechseln, mir fällt nur leider nichts Gescheites ein ...»

Also: Bevor Sie in eine solche Situation kommen, abonnieren Sie eine gute und politisch möglichst neutrale Tageszeitung oder zumindest eine gute Wochenzeitung, die Sie natürlich dann auch lesen sollten – und zwar nicht nur den Lokalteil oder die Kleinanzeigen. Hören oder sehen Sie einmal am Tag Nachrichten und bilden Sie sich zu wichtigen Themen eine differenzierte Meinung.

Welche Themen Sie besser nicht anschneiden Für Männer ist es ein Geheimtipp, Frauen nach ihrem *Sternzeichen* zu fragen. Umgekehrt füttern Frauen, die sich bei Männern nach deren Tierkreiszeichen erkundigen, leider nur das Klischee der Klatschblätter lesenden Dumpfbacke, die sich für nichts interessiert als für unlogisches Zeug. Viele Männer würden eher im Winter nackt den Ärmelkanal durchschwimmen, als zuzugeben, dass sie Horoskope lesen. Und das nur, weil sie Angst haben, für schwul gehalten zu werden. Darum entgegnen die meisten Jungs, wenn sie nach ihrem Geburtstag gefragt werden, vorsichtshalber: «Du glaubst doch nicht etwa an so was wie diesen Horoskope-Quatsch?» Als ob irgendein Mensch auf diesem Globus wirklich an Horoskope glauben würde und als ob es darauf ankäme. Bis Sie das allerdings erklärt haben, ist Ihr Gegenüber sowieso vielleicht schon der Ansicht, Sie weilen in spirituellen Anderswelten. Aber falls er Sie wider Erwarten fragt, in welchem Zeichen Sie geboren sind: Fragen Sie ungehemmt zurück.

Ungünstig ist es auch, im ersten Gespräch *kleine Kinder* zu erwähnen. Und wenn Ihre Schwester gerade ein noch so süßes Baby bekommen hat oder sich ein solches in Ihrem unmittelbaren Blickfeld befindet: Behalten Sie Ihre Verzückung vorerst für sich. Männer jeden Alters kriegen da mitunter Angstzustände, Panikattacken und unmittelbar daran anschließend den berühmten Fluchtimpuls. Weil sie insgeheim annehmen, dass alle Frauen eigentlich nichts anderes im Kopf haben als «was Kleines» zu bekommen und eine Familie zu gründen und deswegen darauf erpicht sind, den erstbesten Herrn zum Vater zu machen. Und das befürchten sie auch dann, wenn der betreffenden Dame nichts ferner liegt als das. Manche Männer sind gar so paranoid, dass sie sogar die Erwähnung von Tierbabys nicht ertragen.

Sprechen Sie beim ersten Treffen mit einem Mann nach Möglichkeit auch nicht oder nur sehr oberflächlich über *Mode, Frisuren und Kosmetik*. Der Herr wird Sie sonst möglicherweise für eine Schickse halten, die im Fingernagelstudio ihre zweite Heimat hat und ein Vermögen bei Shopping-Touren und ihrem Coiffeur ausgibt. Auch nur bedingt empfehlenswert: *Fußball*. Wenn Sie da nicht aus dem Effeff Bescheid wissen und nicht ein echter Fan eines bestimmten Vereins sind (inklusive Stadion-Dauerkarte, Fanschal und dem Beherrschen sämtlicher Fan-Gesänge), geraten Sie in den Verdacht, sich mit dem Thema quasi nur aus modischen Gründen zu beschäftigen, weil Sie es cool finden. Das wird kein Mann ernst nehmen. Wenn Sie sich hingegen besser auskennen als er, wird er das Gefühl haben, dass da jemand in sein männliches Hoheitsgebiet eindringt, und zur Verteidigung ansetzen. Bewundern Sie den (aus seiner Sicht) falschen Verein, ist das auch nicht wirklich von Vorteil. Mit anderen Worten: Hier sind Minen versteckt, wo man auch hintritt.

Exkurs: Wenn Männer prahlen – die Pinocchio-Strategien der Jungs

Vielleicht haben Sie sich schon einmal gewundert, warum ziemlich viele Männer, kaum dass Sie das erste Wort mit ihnen gewechselt haben, unaufgefordert anfangen zu prahlen, dass es nur so kracht. Frei nach dem Motto: mein Auto, mein Haus, mein Boot. Dazu gesellen sich ebenso unaufgefordert Geschichten über die eigene, unerschütterliche Treue in verflossenen Partnerschaften, über ihre charakterliche Anständigkeit und allgemeine Integrität. Es gibt erstaunlich viele Männer, die (nach eigenen Angaben) grundlos oder hinterhältig von ihrer früheren Partnerin verlassen wurden (dass der Trennung ein Seitensprung seinerseits vorausging, wird mit Sicherheit nicht an die große Glocke gehängt). Männer betonen jedenfalls gern selbst gegenüber brandneuen Bekanntschaften, dass sie niemals, unter keinen Umständen, fremdgingen. Sie sind außerdem – irgendwie bekommen es viele hin, auch das noch nebenbei ins Gespräch einzuflechten – «selbstverständlich» nie in einem Puff zu finden, trinken wenig Alkohol, haben ein spitzenmäßiges Einkommen und sind auch sonst ziemlich tolle Typen. Genau das, was Frauen sich erträumen – das meinen zumindest die Prahler. Es gibt Männer, die geben derart offensiv an, dass sie damit selbst den geduldigsten Frauen den letzten Nerv rauben. Andere setzen auf Understatement, das sind meist – nicht immer – diejenigen, die mehr Grund zum Angeben hätten. Deren Autoschlüssel mit Porschesymbol sehen ihre Flirtpartnerinnen höchstens zufällig. Diese Männer erzählen von der Toskana, wobei sich erst auf Nachfrage herausstellt, dass sie dort ein Häuschen besitzen, und sie lenken das Gespräch unauffällig auf berufliche Themen, um dann erst auf Nachfrage der Dame und auch nur zögernd zu erzählen, dass sie Geschäftsführer eines gigantischen Unternehmens sind.

Der Grund der ganzen Angeberei liegt auf der Hand: Die Jungs wollen ihr weibliches Gegenüber beeindrucken, was ja im Kern eine hübsche Motivation ist. Das Ganze ist eine Art Balzritual, nur die individuelle Ausführung unterscheidet sich voneinander und wird mit unterschiedlichem Können ausgeführt. Die Sache wäre zwar in vielen Fällen unnötig, aber trotzdem vollkommen in Ordnung, wenn es dabei nicht einen entscheidenden Haken gäbe, dessen Existenz Sie sicher schon geahnt haben: Die Herren schwindeln dabei recht häufig oder übertreiben zumindest schamlos!

Das ist sogar wissenschaftlich belegt. Ein amerikanisches Forscherteam befragte in den neunziger Jahren Studenten der Universität von New York, ob und wann sie in Flirts schon mal ein wenig die Unwahrheit gesagt oder sich in besserem Licht dargestellt haben als angemessen. Die Männer – gegenüber den Wissenschaftlern offenbar ehrlich – übertrieben in Bezug auf ihre Vertrauenswürdigkeit, ihren Status und ihre Besitztümer. Laut anderer Studien sollen dies genau die klassischen Attribute sein, die viele Frauen bei Männern suchen. Die besten Karten hätten demnach also stinkreiche Typen mit hohem gesellschaftlichen Ansehen (= tollem Chefposten), die gleichzeitig ehrlich sind (oder diese Ehrlichkeit wenigstens glaubhaft vortäuschen können). Aussehen und Alter sind bei der weiblichen Partnerwahl angeblich zweitrangig. Der Grund dafür soll mal wieder in der Biologie liegen: Wohlhabende, treue Männer werden potenziellen Nachwuchs mutmaßlich am besten versorgen. Dass eine Menge Frauen heutzutage überhaupt keinen Nachwuchs haben wollen beziehungsweise ihr eigenes Geld verdienen und es sich damit leisten können, einen Mann weniger nach Donald-Trump-Qualitäten als nach körperlichen Attributen, einem vorzüglichen Humor oder der MENSA-Club-verdächtigen Intelligenz auszusuchen, wird bei solchen Forschungsergebnissen freilich (noch) nicht berücksichtigt.

Frauen täuschen übrigens auch, allerdings weniger in Bezug auf verbale Prahlereien, sondern eher bezüglich ihrer körperlichen Vorzüge: Das heißt: Make-up und Push-up, beinverschlankende Hosen mit beinverlängernden High Heels, raffinierte Straffungs-Cremes und vielleicht sogar plastische Chirurgie à la Cher. Männer sollen ja hauptsächlich auf junge Frauen fliegen, die sie insgeheim als fruchtbar einschätzen. Auch hier dreht sich mal wieder alles um den nicht vorhandenen, aber theoretisch produzierbaren Nachwuchs.

Zum Glück ist es aber nicht immer nur die Biologie, die zählt – das wäre ziemlich traurig, angesichts zahlloser reifer Menschen, die nicht nur viel zu erzählen haben, eine charismatische Ausstrahlung besitzen und auch sonst ziemlich interessante Zeitgenossen sind. Es gibt eine Menge Frauen, die eher auf Persönlichkeit, nicht auf Status, Geld und Ansehen stehen. Ebenso gibt es eine Menge Männer, die nicht ausschließlich junges Gemüse begatten wollen, sondern die auch Frauen mit Lebenserfahrung interessant finden. Nicht alles ist biologisch zu erklären, der Mensch ist Gott sei Dank mehr als ein hilfloses Opfer seiner Hormone – und das ist auch gut so.

Darum lassen Sie sich bitte in keinem Alter vom Flirten abhalten und tun Sie es häufig, mit Spaß und ohne schlechtes Gewissen!

Gut geplant ist halb geflirtet

Meister-Flirterinnen nutzen nicht nur jede Gelegenheit zum Flirt – oft schaffen sie diese Gelegenheiten auch selber. Wie? Das erfahren Sie im folgenden Kapitel.

Ich packe meine Tasche – Flirtaccessoires

Eine Frau, die Flirten zu ihrer Lebensphilosophie erhebt, ist damit gut beraten, weil Flirten gut tut. Und darum sollte sie sich auf alle Eventualitäten vorbereiten und ihre Handtasche oder auch sich selbst mit ein paar Dingen präparieren, die den ersten Kontakt zur Herrenwelt sehr erleichtern können.

Achtung: Natürlich sind die im Folgenden aufgelisteten Dinge weniger dazu gedacht, offensiv mit ihnen loszuziehen, um «Beute» zu machen. Vielmehr gilt es, dem Glück eine Chance zu geben, wenn es den Weg kreuzt, indem Sie mit ihrer Hilfe beispielsweise Blickkontakt herstellen, der nun mal das Allerwichtigste beim Flirt ist – wer weiß schon immer im Voraus, was für Sahneschnittchen einem an einem x-beliebigen Tag so begegnen. Im Folgenden also die Vollausstattung der Profi-Flirterin:

Süssigkeiten Zur Kontaktaufnahme sind kleine Leckereien wie Gummibärchen, Bonbons, Pfefferminze oder Lakritze hervorragend geeignet: Sie müssen im Bahnabteil, an der Bushaltestelle oder auf der Zuschauer-Tribüne in der Nähe des attraktiven Fremden nur auffällig mit der Tüte rascheln, bis er guckt – und er wird irgendwann gucken – und, schwupp, bieten Sie ihm die Tüte an. Blickkontakt und Lächeln garantiert. Da lässt sich was draus machen.

Ein Eis Das Eis fällt in dieser Aufzählung nicht unter Süßigkeiten, weil seine Aufgabe eine andere ist. Zum einen gibt es schüchternen Naturen Sicherheit, wenn sie mit etwas beschäftigt sind. Wenn dieses Etwas auch noch orale Gelüste befriedigt, wirkt es einmal mehr beruhigend; der Effekt ist hier kein anderer als bei kleinen Kindern, die am Daumen lutschen oder am Schnuller nuckeln. Dem Eis sollten Sie zu diesem Zweck den Vorrang vor Zigaretten einräumen, weil es nicht nur gesünder ist und besser riecht, sondern weil nach einer Studie des Meinungsforschungsinstituts Emnid 60 Prozent aller Männer Eis leckende Frauen sexy finden.

Notizblock und Stift Da steht er, an der Straßenecke, der Mann Ihrer Träume. Hat gerade seinen Wagen geparkt und schickt sich an, das Weite zu suchen. Halten Sie ihn davon ab, fragen Sie ihn nach dem Weg. Den kann er Ihnen dann schön auf den Block malen, den Sie für alle Fälle in Ihrer Handtasche spazieren führen. Und vielleicht schreibt er ja auch noch seine Telefonnummer dazu, wenn Sie zusammen mit Stift und Block auch noch Ihren Charme auspacken?

Papiertaschentücher Wer niest denn da? Ist das nicht Brad Pitt? Nun ja, nicht ganz. Aber fast. Bieten Sie ihm ein Taschentuch an, er wird Ihnen dankbar sein. Besonders, wenn Sie jetzt auch noch mitfühlende Anteilnahme äußern («Das hört sich ja gar nicht gut an. Wie hast du dir das denn geholt?»). Sie wissen ja: Männer mit Erkältung stehen quasi mit einem Bein im Grab. Frauen, die dieses schwere Schicksal ausnahmsweise mal nicht milde belächeln, sondern aufrichtig bedauern, haben beim Schwerstkranken sofort einen Stein im Brett. Oder besser: einen Pfeil im Herzen.

Zigaretten Sicher, Zigaretten sind nicht gesund. Sie müssen sie ja auch nicht selber rauchen (siehe «Eis»). Aber Sie sind vorbereitet, wenn Sie aus heiterem Himmel von einem umwerfenden Kerl angesprochen werden (der sich wahrscheinlich die ganze Zeit den Kopf zerbrochen hat, wie er Kontakt zu Ihnen aufnehmen soll), der Sie um eine Kippe anschnorrt. Wenn Sie nämlich keine Zigaretten haben, wird er mit der Schulter zucken, vielleicht «schade» sagen – und weg ist er. Besser: Sie haben immer eine Packung dabei und geben ihm eine Zigarette ab. Vielleicht verwenden Sie ja für Ihre Zigarettenpackung ein außergewöhnliches Etui, offiziell zur Abdeckung der unschönen Warn-Sprüche, inoffiziell, um Fragen und ein sich daran anschließendes Gespräch zu provozieren («Wer ist das denn da drauf? Oh, Robert de Niro. Wo hast du denn das her?»). Und beim Feuergeben schauen Sie ihm einmal ganz tief in die Augen. Denn in Ihrer Handtasche befinden sich selbstverständlich auch:

Feuerzeug oder Streichhölzer Nicht nur Zigaretten warten auf Entzündung, manchmal müssen auch Lagerfeuer, Kerzen oder Gartenfackeln entfacht werden, oder man(n) braucht schlicht Licht, um das Schlüsselloch zu finden. Am besten verwenden Sie ein ungewöhnliches Feuerzeug, zum Beispiel in Form einer Gitarre oder eines Sportwagens oder eines Fußballes. Solche Dinge stellen auch in Mini-Format für Männer seit Erlangung des Bewusstseins Schlüsselreize dar, ein Kommentar ist Ihnen fast sicher. Streichholzbriefchen funktionieren ebenfalls ganz hervorragend als Gesprächs-Choke, wenn auf Ihnen zum Beispiel die Adresse eines exklusiven Hotels abgedruckt ist («Oh, Kempinski, ganz schön teuer, hast du da gewohnt?» «Nee, das war im Atlantic in Hamburg, da hab ich ein Interview mit …» «… Udo Lindenberg gemacht?» «Nein, nein, mit Matthew McConaughey zu seinem neuen Film.» «Du bist also Journalistin?» usw.) oder vielleicht auch das Logo einer Bar auf den Bahamas («Ah, Nassau … Wo ist das nochmal?» «Auf den Bahamas.» «Ach was, da warst du?» «Ja, im Urlaub letztes Jahr.» «Interessant. Erzähl mal …» usw.). Ein Club auf Ibiza, ein Restaurant in Göteborg oder eine Kneipe in St. Peter-Ording tun es selbstverständlich auch. Wichtig: Das Briefchen unauffällig so herum halten, dass er den Aufdruck lesen kann.

Regenschirm Am besten die leichte Taschenversion, die Sie wieder Platz sparend verstauen können, sobald die Sonne durch die Wolken bricht. Wie charmant, wenn Sie dem jungen (oder auch älteren)

Herrn, der mit Ihnen im Nieselregen an der Ampel steht, unter Ihrem schützenden Schirm Asyl anbieten. Vorteil: Männer sind es nicht gewohnt, dass Frauen Kavaliersqualitäten an den Tag legen – und reagieren dementsprechend positiv.

Stadtplan Zugegeben, ein Stadtplan ist etwas sperrig. Aber Sie können ihn auf verschiedene Weisen zur Kontaktaufnahme nutzen. Erstens können Sie das Objekt Ihres Interesses nach einer bestimmten Adresse fragen und ihn bitten, Ihnen den Weg auf dem Plan zu zeigen. Männern wird das nicht seltsam vorkommen, weil sie ja früh lernen, dass Frauen (angeblich) weder eine Fähigkeit zur Orientierung besitzen noch Karten lesen können. Sie werden sich also als Retter in der Not fühlen und gerne helfen. Vielleicht begleitet er Sie ja auch noch ein Stück – zur Sicherheit, Sie sind schließlich eine Frau, die sich in null Komma nix verläuft. Umgekehrt können Sie natürlich auch die Dienste Ihres Stadtplans anbieten, wenn Sie einen orientierungslosen Zeitgenossen erblicken …

Profi-Fotoapparat Ein ganz exzellentes Mittel, um die Eitelkeit der Herren zu kitzeln. Beste Voraussetzung für den Einsatz dieses Flirtmittels ist es, wenn Sie tatsächlich Fotografieren als Hobby haben. Wenn nicht, belegen Sie doch bei Gelegenheit mal einen Fotokurs an der Volkshochschule oder an der Uni. Wenn Sie dann auf der Suche nach Motiven losziehen und Ihnen plötzlich ein hübsches Objekt vor die Linse läuft, können Sie jenes ganz nonchalant bitten, für ein Bild zur Verfügung zu stehen («Ich fotografiere Landschaften und Menschen»). Inszenieren Sie das Bild möglichst kunstvoll, also nicht das übliche «Cheese»-Touristen-Foto, sondern der Mann im Anschnitt, vielleicht sinnierend in die Ferne blickend. Was auch immer Sie anstellen: Er wird einen Abzug haben wollen – und Ihnen auf jeden Fall seine Telefonnummer hinterlassen, die er auf den von Ihnen mitgebrachten Block mittels des mitgeführten Stifts notiert.

Taschenlampe Man weiß nie, wozu so ein Ding nützlich sein könnte. Wenn dem tollen Typen, der im Kino neben Ihnen sitzt, zufällig der Autoschlüssel runtergefallen ist, zum Beispiel. Oder wenn urplötzlich der Strom ausfällt. Oder um «Ich lieb dich» in den Himmel zu schreiben, wie dereinst «Markus» während der Neuen Deutschen Welle sang. Es gibt eine Menge Möglichkeiten …

T-SHIRT DER LIEBLINGSBAND Lassen Sie andere ihr Geburtsjahr auf der Brust spazieren tragen oder den Namen ihrer Heimatstadt oder den Aufdruck des x-ten Hard Rock Cafés. Besorgen Sie sich lieber ein T-Shirt Ihrer Lieblingsband. Funktioniert besonders gut, wenn die Combo noch nicht so wahnsinnig bekannt ist und auf der Rückseite Tourdaten aufgedruckt sind, die eine einwandfreie Identifizierung als «musikalisches Textil» zulassen.

Gesetzt den Fall, Sie haben gerade einen wunderschönen Augen-Flirt mit einem John-Cusack-Double, erleichtern Sie ihm den ersten Schritt durch Ihr Shirt ungemein. «Muss ich die kennen?», «Was machen die denn für Musik?», «Sollen wir mal zusammen auf ein Konzert gehen?» oder «Die find ich auch total geil» sind nur ein paar der möglichen Gesprächsaufhänger, die ihm dadurch zur Verfügung stehen. Kann natürlich auch sein, dass Ihr Musikgeschmack weit auseinander liegt – aber dann können Sie ihm ja, wenn er Ihnen gefällt, mal was vorspielen …

SPORTGERÄT Wenn Sie sich schon mal an irgendeinem nicht ganz abgeschiedenen Strand oder Park beziehungsweise einer der Liegewiesen dieser Welt aufgehalten haben, haben Sie es vielleicht schon mal bewusst beobachtet: Leute, die Sport-Equipment dabeihaben, sind unglaublich gefragt. Ob das nun ein Beach-Volleyball ist, ein Federball-Spiel, ein Wasserball, ein Frisbee oder gleich ein Motorboot, ist ganz egal. Menschen machen in ihrer Freizeit nun mal gerne Sport und attraktive, durchtrainierte Männer umso mehr. Entsprechend stehen die Chancen gut, dass Sie von dem ein oder anderen angequatscht werden, ob Sie ihm nicht das jeweilige Teil mal leihen können oder – viel besser – vielleicht ein wenig mit ihm spielen.

Flirtzonen – wo flirten Frauen am besten?

«Irgendwie lernt man Frauen ja am besten da kennen, wo man am wenigsten damit rechnet, jemanden kennen zu lernen.»
Achim, 36, Fotograf

«Die typischen Flirtlocations wie Clubs oder Kneipen fand ich immer ätzend, weil man da allein aufgrund von Äußerlichkeiten und dann unter Leistungsdruck nach dem Motto ‹ich muss jetzt unbedingt extrem unterhaltsam sein› flirtet.»
Lars, 32, Unternehmensberater

Flirten kann man überall. Voraussetzung ist natürlich erst einmal, dass Sie sich regelmäßig unter Menschen begeben. Und zwar gerne auch mal ganz allein und nicht im Freundinnen-Pulk, das erhöht die Flirtchancen enorm – oder würden Sie sich umgekehrt an einen Mann herantrauen, der inmitten seiner grölenden Kumpels steht? Verboten sollten in Zukunft Gedanken der folgenden Kategorie sein: «Und was, wenn mich jemand sieht, alleine da draußen?» oder «Hach, wieso sollte ich alleine ins Museum/Café/Freibad gehen, das macht doch keinen Spaß.» Das stimmt nicht. Jeder Ort, an dem Sie andere Menschen treffen, ist eine potenzielle Flirtzone. Aber an manchen Orten funktioniert die Sache mit dem Flirten eben noch ein bisschen besser als an anderen. Und je nachdem, was Sie so vorhaben, ob Sie etwa nur gerne ein bisschen harmlos flirten wollen, um Ihr Selbstbewusstsein zu streicheln, oder gleich einen Mann für die Nacht suchen, gibt es besser und schlechter geeignete Plätze.

Grundsätzlich sind die besten Flirtvoraussetzungen gegeben, wenn guter Sichtkontakt gewährleistet ist und sich am besten noch die Umgebungsgeräusche in Grenzen halten, weil Sie sich ja vielleicht auch ganz gern noch unterhalten möchten.

Eine Zusammenstellung der bekanntesten Flirtareale, die nicht in allen Fällen auch die besten sind:

Die Privatparty Viele Paare haben sich auf privaten Feiern kennen gelernt, daran gibt es nichts zu rütteln. Zumindest, solange es sich nicht um eine rein gleichgeschlechtliche Fete handelt, die vom Frauen-Fußball-Club oder dem Verein zur Förderung des Synchronschwimmens ausgerichtet wird. Ergo muss es ein gewisses Flirtpotenzial auf Privatpartys geben. Das stimmt auch. Je intimer eine Feier, umso größer ist die Chance, mit genau dem Schnuckelchen ins Gespräch zu kommen, auf das Sie bereits beim Reinkommen ein Auge geworfen haben. Das heißt: sofern es ein solches Schnuckelchen gibt. Da ist auch bereits einer der Haken versteckt: Auf Privatpartys ist die Auswahl an potenziellen Flirtpartnern oft relativ überschaubar, und bei der Weihnachtsfeier der eingeschworenen Clique kennt man sowieso bereits jeden Einzelnen; ein heißer Spontan-Flirt scheint da beinahe ausgeschlossen. Und sollte es wider Erwarten doch dazu kommen, ist das Getuschel vorprogrammiert: «Mensch, meinste, da läuft bald was zwischen der Gabi und dem Lutz? Die haben auf dem Geburtstag von der Birgit ja die ganze Zeit zusammen in der Küche geturtelt.» «Aber der Lutz ist doch mit der Silke zusammen …» «Ja, und die Gabi immer noch mit Tobias.» «Na ja, wir können ja mal beobachten, wie sich das so entwickelt …» Und die anderen können das in der Regel tatsächlich hervorragend beobachten, die Geheimhaltung eines – zum Beispiel – One-Night-Stands ist im engen Freundeskreis schwierig, um nicht zu sagen: unmöglich.

Für Flirts hingegen sehr zu empfehlen sind möglichst große *Hochzeitsfeiern* (oder ähnliche Feste). Vorzugsweise von Freunden mit weit verzweigten Familien und einem riesigen Bekanntenkreis. Erstens treffen dort viele verschiedene Menschen aus dem Dunstkreis zweier Familien aufeinander, die über die Bekannt- oder Verwandtschaft mit dem Brautpaar lose verbunden sind. Diesem Umstand haftet also eine gewisse Komplizenschaft an – wenn Sie «Vier Hochzeiten und ein Todesfall» gesehen haben, wissen Sie, wovon die Rede ist. Zweitens gibt es eine Menge Gesprächsthemen: die Hochzeitsfeier, die frisch gebackenen Eheleute, die mutmaßliche Schwangerschaft der Ehefrau, das Buffet, das Brautkleid, die Ähnlichkeit der Verwandtschaft untereinander, der Brautstraußfang (apropos: das Werfen des Brautstraußes dient eigentlich nur dazu, den anwesenden Single-Männern unauffällig Informationen darüber zu verschaffen, welche der Frauen noch zu haben ist) und, und, und. Drittens hat fast jede Hochzeitsfeier ihre Längen – die Rede der Schwiegerväter, die Dia-Schau mit Kinderfotos der von der Ehelichung Betroffenen, das Warten auf den nächsten Gang des leckeren Menüs … –, was die Flirtneigung der nicht verpaarten Anwesenden eklatant erhöht. Viertens gibt es eine Menge Gelegenheiten, einander näher zu kommen: als Tischnachbarn – Singles werden ja in der Regel zusammengesetzt –, als Tanzpartner beim Walzer, bei diversen lustigen Spielen …

Flirttipps:

- Bei Hochzeiten oder ähnlich offiziellen Festen gilt: Fragen Sie, zumindest wenn Sie mit dem Gastgeber gut befreundet sind, bereits vor der Feier nach der Gästeliste. Erkundigen Sie sich nach den Ihnen noch nicht bekannten eingeladenen Personen. Falls einer oder mehrere Jungs bereits im Vorfeld Ihr Interesse wecken: Bitten Sie darum, mit ihnen zusammen an einen Tisch gesetzt zu werden. Warum das dem Zufall überlassen?
- Auf Privatpartys jeder Art können Sie Kontakt zu anderen Gästen am einfachsten über den Gastgeber herstellen. Bitten Sie ihn, Sie dem schönen Fremden vorzustellen, nach Möglichkeit mit ein paar Hinweisen, was der andere beruflich oder hobbymäßig so treibt – so haben Sie sofort einen Gesprächsaufhänger.
- Auch gut: Übernehmen Sie Aufgaben, bei denen Sie in Kontakt mit den anderen Gästen kommen: Nachschenken, ein gemeinsames Ständchen organisieren, Musikwünsche einholen und an den DJ weitergeben … Lassen Sie sich was einfallen, aber lassen Sie sich nicht darauf verpflichten: Sobald sich ein netter Flirt ergibt, sollten Sie den Job wieder abgeben können.

Flirttauglichkeit Privatparty: je nach Größe und Art der Privatparty unterschiedlich: von gut (große Hochzeitsfeiern) bis ausreichend (Treffen im engen Freundeskreis)

Der Club Wird als Flirtrevier hoffnungslos überbewertet. Natürlich kann man sich in einer Disco kennen lernen. Und natürlich ist die Atmosphäre in einem Club, in dem sich ein großer Teil der Leute leicht bekleidet zu treibenden Beats und heißen Rhythmen bewegt, erotisch aufgeladen; alkoholische Erfrischungen tun ein Übriges. Allerdings hat das Ganze einige Tücken, die Ihnen bewusst sein sollten.

Erst einmal sind die Sichtverhältnisse in einem schummerigen Laden meist alles andere als gut. Zu erkennen, ob der süße Struwwelkopf an der Tanzfläche einem tatsächlich Blicke zuwirft, ist deswegen recht schwierig, genauso fraglich ist, ob der Struwwelpeter auch noch aus der Nähe das Prädikat «süß» verdient hätte. Wenn dann auch noch in Blickrichtung des Schnuckelchens mehrere Damen stehen, wird es kompliziert: Nicht lächeln, weil auch die Rothaarige einen halben Meter weiter oder das brünette Haserl an der Bar das Ziel seines Blicks sein könnten? Oder lieber doch zurückgrinsen – auch auf die Gefahr hin, dass man gar nicht gemeint war und darum Peinlichkeit droht? Im Zweifel lautet die Antwort natürlich immer «unbedingt zurücklächeln». Zu verlieren gibt es nichts, schon gar nicht das Gesicht, falls das Ihre Sorge sein sollte. Missverständnisse klären sich früher oder später ohnehin und sind nicht mal halb so peinlich, wie Sie befürchten. Trotzdem wäre es natürlich schöner, Sie könnten von vornherein zweifelsfrei feststellen, wer mit dem Augenaufschlag gemeint ist.

Sollte es trotz genannter Schwierigkeiten zu einer Annäherung kommen, müssen Sie die nächste Hürde überwinden: die Geräuschkulisse. Oft kommt noch hinzu, dass im Laufe des Abends der gesteigerte Alkoholkonsum die Artikulationsfähigkeit der Beteiligten stark einschränkt. Nicht nur das: Auch das Urteilsvermögen leidet. Wissenschaftliche Untersuchungen haben bestätigt, dass es nicht nur das Phänomen des Schöntrinkens, sondern auch das des «Schönwartens» gibt. Bedeutet: Sowohl Männer als auch Frauen tendieren am späteren Abend dazu, die noch verbliebenen Nachtschwärmer als besonders attraktiv einzuschätzen – übrigens auch im nüchternen Zustand. Manchmal sind die gleichen Leute plötzlich Schönheitskönige, die man vor ein paar Stunden höchstens als guten Durchschnitt bezeichnet hätte. Dieser Mechanismus hat etwas mit der Verknappung der Ressourcen zu tun: Es bleibt nicht mehr viel Zeit zum Flirten, und es sind viel weniger Leute da, aus denen man auswählen kann, also wird der Blick gnädiger. Am nächsten Morgen kann das freilich schon wieder ganz anders aussehen, wenn sich der vermeintlich feurige Latin Lover über Nacht zum drittklassigen Banderas-Verschnitt mit strengem Geruch und langen Nasenhaaren gemausert hat, obendrein beim Kaffeetrinken noch unerträglich schlürft und nur dummes Zeug daherredet.

Das führt uns zum wichtigen nächsten Punkt: In einem Club lernt man im Allgemeinen nicht den Mann fürs Leben kennen – zumindest sehr viel seltener als in ganz alltäglichen Zusammenhängen, in denen eine Annäherung unverbindlicher möglich ist. Wenn es im Saturday Night Fever zu Flirts kommt, ist sehr oft sehr schnell klar, dass es höchstens um ein erotisches Abenteuer geht (wie immer bestätigen natürlich Ausnahmen die Regel). Wenn Sie einen Mann für eine Nacht suchen, gibt es zwar kaum ein besseres Revier, irgendeiner wird sicher immer geneigt sein, sich abschleppen zu lassen. Risiken: siehe oben.

Wenn Sie sich aber alle Möglichkeiten offen halten wollen, tun Sie gut daran, zwar zu flirten, aber recht bald ein bisschen auf die Bremse zu treten. Nach einer repräsentativen Forsa-Umfrage sind nämlich 48 % der Männer Frauen gegenüber skeptisch, die sie sofort mit zu sich nach Hause nehmen würden. Gleichwohl würden die meisten mitgehen, weil sie sich Hoffnungen auf eine schnelle Nummer machen. Das ist nicht schizophren, sondern vom evolutionsbiologischen (männlichen) Standpunkt aus ökonomisch. Warum, das haben wir bereits an anderer Stelle ausführlich erörtert.

FLIRTTIPPS:

- Die meisten Männer sehen Frauen gern beim Tanzen zu. Trainieren lohnt sich also. Oft scheuen sich die Jungs auch nicht, für einen besonders aufregenden Hüftschwung Komplimente zu verteilen, vor allem, wenn sie nicht mehr ganz nüchtern sind. Manch einer wird sich allerdings auch inspiriert fühlen, Sie anzutanzen – ziehen Sie rechtzeitig Grenzen, wenn Ihnen das zu viel wird.
- Sehr gut kommt es bei modernen Männern an, wenn Sie anbieten: «Ich hole mir noch ein Bier, möchtest du auch noch was haben?» Das signalisiert sowohl Selbstbewusstsein und Unabhängigkeit als auch Interesse und wirkt darum sehr sympathisch.
- Falls es Ihnen möglich ist, sollten Sie statt am Wochenende besser unter der Woche tanzen gehen. Mittwoch und Donnerstag sind die besten Tage, denn dann sind Clubs und Bars in Großstädten nicht über-, sondern angenehm gefüllt, und die Lautstärke der Musik hält sich noch in Grenzen – gute Voraussetzungen fürs Flirten.

FLIRTTAUGLICHKEIT CLUB: ausreichend bis mangelhaft

DIE BAR Eine Bar weist in Bezug auf Flirts einige der Nachteile auf, die auch den Club kennzeichnen: Bar-Besucher sind in der Regel nicht ganz nüchtern, das Licht ist schummrig und die Beschallung in vielen Fällen ziemlich laut. Hinzu kommt: Frauen, die ohne Begleitung in Bars herumhängen, werden auch heute noch gern für Freiwild gehalten – sofern sie nicht gerade im Nonnengewand am Kamillentee nippen oder in James Joyce' Ulysses vertieft in der Ecke sitzen – beides für einen Flirt relativ ungeeignet.

Trotzdem: Wenn Sie sich dessen bewusst und nicht gerade auf der Suche nach Mr. Right sind, können Sie sich durchaus in eine Bar begeben, gerne auch alleine. Sie nutzen damit gewissermaßen eine Nische, denn weil Frauen ohne Begleitung in Bars etwa so häufig vorkommen wie glaubwürdige Sätze aus Politikermunde – Frauen bewegen sich im Nachtleben ja meistens in Gesellschaft von mindestens einer Freundin –, werden sich wahrscheinlich bald flirtbereite Jungs einfinden. Sie brauchen im Prinzip nichts anderes zu tun, als sich ein Getränk zu bestellen und zu warten. Falls Sie eine Bar wählen, die etwas dezentere Musik spielt, haben Sie sogar gute Chancen auf ein angeregtes Gespräch.

Aber, wie gesagt: Eine Menge Männer sind (wenigstens in gewissen Punkten) simpel gestrickt, schließen von sich auf andere und denken darum gern in Schubladen. Eine Frau allein am Tresen kann nur eines bedeuten: Die will …, hehe, das ist doch klar … Wenn Sie sich in dieser Schublade nicht wohl fühlen, dann erzählen Sie dem Mann, mit dem Sie gerade flirten, unaufgefordert, warum Sie ausnahmsweise (!) allein in der Bar sind. Zum Beispiel: Sie haben den ganzen Tag an Ihrem neuen Buch geschrieben und keine Menschenseele zu Gesicht bekommen, da mussten Sie einfach nochmal raus – auch wenn – leider, leider – keine Ihrer Freundinnen Zeit hatte, mitzukommen. Oder: Sie haben ein Zimmer zur Untermiete und möchten den Hauptmietern nicht auf den Wecker fallen. Oder: Sie hatten einfach mal Lust auf einen Gin-Tonic, aber nichts dafür zu Hause, also sind Sie in die Bar gekommen usw.

FLIRTTIPPS:

- Setzen Sie sich in einer Bar am besten an den Tresen. Dort sind Sie nicht nur besser zu sehen, man(n) kann so auch am unkompliziertesten mit Ihnen in Kontakt kommen: Ganz einfach, indem man sich neben Sie setzt. Wenn das nicht passiert und Ihnen langweilig wird, können Sie sich immer noch mit dem Barmann unterhalten. Oder mit ihm flirten, Übung macht schließlich die Meisterin.
- Laut einer Umfrage fänden es die meisten Männer ziemlich merkwürdig, wenn eine Frau auf die Idee käme, ihnen als Kontaktaufnahme nach alter Macho-Manier über das Bar-Personal ein Getränk bringen zu lassen («Ein Bier für den Süßen da drü-

ben»). Das bedeutet nicht, dass Sie einem Mann, mit dem Sie gerade flirten, kein Getränk ausgeben dürfen. Im Gegenteil: Das kommt sehr gut an.

Flirttauglichkeit Bar: befriedigend bis ausreichend

Das Konzert Konzerte sind wunderbar für Flirtfans geeignet. Wenn jemand alleine in einer Bar oder Disco herumsteht, kommt, wie gesagt, gelegentlich der Verdacht auf, hier sei jemand verschärft auf der Suche. Bei Konzertbesuchern – beziehungsweise Konzertbesucherinnen – liegt ein solcher Gedanke fern. Nein, Konzertbesucher sind schließlich in erster Linie wegen der Musik da, ein Flirt ist da lediglich eine willkommene Dreingabe. Neben der Möglichkeit, sich bei Pop- und Rockkonzerten ohne Bestuhlung an interessante Objekte heranzupirschen und vielleicht sogar in der Menge ein wenig Körperkontakt zu suchen (selbstverständlich ganz zufällig), kann man außerdem ganz unverbindlich und unverdächtig über die Musik plaudern. Nun ja, falls es nicht zu laut zum Plaudern ist. Bei klassischen und Jazz-Konzerten gibt es meistens eine Pause, die man nutzen kann, und nach dem Konzert lässt es sich ja auch noch ungestört ein wenig miteinander schnacken – und wer weiß? Vielleicht wechselt man noch gemeinsam die Location? Das einführende Thema ist klar: die Musik und das gerade genossene Konzert. Ganz egal, um was für eine Musikrichtung es sich handelt, ein gleicher Geschmack sorgt sofort für viele Sympathiepunkte.

Flirttipps:

- Verzichten Sie darauf, im Tross mit Freundinnen auf Konzerte zu gehen, das schreckt flirtwillige Herren (manchmal) ab.
- Falls Sie eine Lieblingsband haben: Besuchen Sie bei Gelegenheit deren Internet-Seite und/oder durchforsten Sie das Netz nach Foren zum Thema. Sie wären nicht die Erste, die über Gästebücher oder in Diskussionen über die neue CD oder den letz-

ten Auftritt Kontakte zu Gleichgesinnten gefunden hätte. Auch wunderbar für unsere Zwecke: Fahrgemeinschaften zu weiter entfernten Konzerten.

FLIRTTAUGLICHKEIT KONZERT: gut bis sehr gut

DIE BAHN Bahnfahren ist nicht nur sicherer und umweltfreundlicher als Autofahren, auch in Sachen Flirt ist das klassische Sechser-Abteil der Bahn unübertroffen. Aber auch Großraumwagen sind gute Orte, um mit dem anderen Geschlecht anzubandeln. Natürlich lässt die Bequemlichkeit oft zu wünschen übrig, weil eigentlich immer irgendetwas im Weg ist: Gepäckstücke, lange Beine, mitgeführte Hunde … Für einen ganz und gar unverbindlichen Flirt jedoch umso besser, kommen Sie doch quasi automatisch ins Gespräch, sobald Sie den mitfahrenden Beau bitten, Ihre sperrige Reisetasche aufs Gepäckgitter zu hieven. Auch Flirtaccessoires wie Bonbons oder Kekse können in diesem Umfeld hervorragend eingesetzt werden.

Ein unschätzbarer Vorteil der Bahn, insbesondere auf Langstrecken, ist der, dass Sie in vielen Fällen einige Stunden zusammen verbringen und darum Gelegenheit zum Flirten und für eine Unterhaltung haben. Ein Gesprächsaufhänger findet sich mit ein wenig Überlegung fast immer. Entweder können Sie sich ganz unverblümt erkundigen: «Und? Wohin müssen Sie?», oder den Mitfahrer nach seiner mitgebrachten Lektüre fragen. Falls Ihnen sonst nichts einfällt, regen Sie sich einfach über die ewigen Verspätungen auf.

FLIRTTIPPS:

- Wenn es sich für Sie auch nur ansatzweise lohnt: Besorgen Sie sich eine Bahncard, um spontan fahren zu können und – vor allem – nicht reservieren zu müssen. So können Sie den Zug zu Beginn Ihrer Fahrt nach geeigneten Flirtpartnern abgehen und sich günstig positionieren. Fahren Sie darum nach Möglichkeit nicht zur Rushhour.

- Falls der Zug sehr voll ist oder Sie in Ihrer Nähe niemanden sichten, mit dem Sie eventuell flirten möchten: Versuchen Sie es doch einmal im Bord-Bistro oder im Zug-Restaurant.

FLIRTTAUGLICHKEIT BAHN: sehr gut

DER SUPERMARKT Nein, es ist kein Ammenmärchen: Supermärkte, besonders vor Ladenschluss oder um die Mittags(pausen)zeit, vor allem in Großstädten und dort in Gebieten mit hoher Bürodichte oder hohem Studentenvorkommen sind großartige Orte, um zu flirten. Gerade Singles nutzen diese Zeit, um Nachschub für ihren Kühlschrank zu besorgen. Ein paar französische Supermärkte sind aufgrund dieses Umstandes auf die Idee gekommen, ihren Laden zum Kuppel-Hof zu machen, und bieten spezielle Einkaufskörbe für Flirtwillige an. Ein violetter Korb bedeutet: Sprich mich ruhig an. Deutsche Supermärkte ziehen inzwischen nach; die ersten Flirteinkaufskörbe gab es in Berlin. Da bekommt die Redewendung «Jemandem einen Korb geben» eine völlig neue Bedeutung …

Aber auch wo dieser Service noch nicht im Angebot ist, können Sie flirten. Sie müssen ja nicht rabiat und aufdringlich werden wie John Hurt in «Love and Death on Long Island», der eine junge Dame kennen lernt, indem er ihren Einkaufswagen mit seinem Wagen rammt und so tut, als sei es ein Versehen. Allerdings: Wenn Sie sich das trauen, können Sie durchaus einen solchen Versuch starten. Niemand wird Ihnen nachweisen können, dass es *kein* Unfall gewesen ist.

Ansonsten gibt es zwischen Käsetheke und Getränkeabteilung noch weitere Möglichkeiten. Doch erst einmal sollten Sie den Inhalt des Einkaufswagens Ihres potenziellen Traumflirts inspizieren und auf die typisch männlichen Single-Einkäufe achten. Da wären zum Beispiel: Toastbrot, Ketchup, Käse, Kotelett und ein Kasten Bier oder – etwas teurer – Wein, Büffel-Mozzarella und Serrano-Schinken. Natürlich können Sie auch mit Jungs flirten, die Familienpackungen Nudeln, Babynahrung und Tampons besorgen, Sie werden es aber nur in Ausnahmefällen mit einem männlichen Au pair zu tun haben, das sollte Ihnen klar sein.

Flirttipp:

- Mal wieder gilt: Wecken Sie den Helden im Mann. Jungs fühlen sich auch und gerade in kulinarischen Zusammenhängen gern als Retter. Fragen Sie ihn am Weinregal um Rat, welchen Rebensaft er Ihnen zu einem bestimmten Gericht/Käse/Besuch empfehlen würde. Falls er gerade an der Käsetheke neben Ihnen steht, machen Sie es umgekehrt: Fragen Sie nach dem richtigen Käse zu einem bestimmten Wein. Klar kann es sein, dass der Gute keine Ahnung hat (meistens wird er allerdings trotzdem so tun, als ob), dennoch können Sie auf diese Weise ein nettes Gespräch anfangen und gemeinsam über die perfekte Menüzusammenstellung sinnieren. Vielleicht kochen Sie ja im Anschluss direkt gemeinsam?

Flirttauglichkeit Supermarkt: gut

Das Fitnesscenter Fitness-Studios sind wunderbar geeignet, um zu flirten. Wenn Sie auf dem Laufband oder dem Stepper schwitzen, sind Sie über jeden Zweifel erhaben, niemand wird Ihnen unterstellen, nur auf «Männerfang» zu sein – interessanterweise genau die richtige Voraussetzung, um einen netten Herrn kennen zu lernen.

Bezogen auf das Fitnesscenter bedeutet das: Ob Sie an der «Vitamin-Bar» über Eiweißdrinks fachsimpeln oder an der Latissimus-Maschine das Kraftpaket am Gerät nebenan nach der korrekten Übungsausführung fragen, Möglichkeiten, miteinander in Kontakt zu kommen, gibt es viele.

Flirttipp:

- Männer trainieren gern ihren Bizeps und sind unglaublich stolz, wenn jemand ihre harte Arbeit am eigenen Körper bemerkt. Scheuen Sie sich darum nicht, einem Mann, der Sie interessieren könnte, bewundernd auf die Arme zu tippen und ihm ein Kompliment im Stil von «Wahnsinn, das ist ja wie Stahl!» zu machen – dann ist Ihnen ein Multivitamin-Getränk im Bistro-Bereich des Studios so gut wie sicher.

Flirttauglichkeit Fitnesscenter: gut bis sehr gut

Strand oder Freibad Der Sommer und speziell die Ferienzeit ist ohnehin Flirtsaison. Sommer, Sonne und knappe Kleidung sorgen für gute Laune und vor allem Letzteres gelegentlich auch für Hormonüberschuss in der Herrenwelt. Besonders günstig für Strand-Flirts ist es, dass am Meer ungehindert geguckt, geplaudert und geflirtet werden kann. Das heißt, sofern Sie sich nicht gerade auf einer Insel wie Ibiza aufhalten, wo viele Strände rund um die Uhr mit Musik beschallt werden.

Nachteil der Supersicht: Körperliche «Mängel» wie Cellulite, Speckröllchen oder Pickel sind für jedermann sichtbar. Doch Sie sollten keine Panik schieben, die meisten Männer schauen weniger auf solche Details als auf die Gesamterscheinung einer Frau.

Dennoch: Wenn Sie sich so, wie Sie sind, etwas unwohl fühlen und trotzdem nicht den ganzen Sommer über komplett mit Pareo umwickelt herumlaufen wollen wie die ältere Besatzung des «Traumschiffs», sollten Sie rechtzeitig *vor* dem Urlaub geeignete Maßnahmen ergreifen. Die reichen von der Hornhautentfernung am Fuß über die Aknebehandlung beim Hautarzt hin bis zur Ernährungsumstellung.

Aber Vorsicht: Von Radikaldiäten unmittelbar vor den Ferien ist unbedingt abzuraten!!! Erstens sind solche Kuren ungesund. Zweitens lassen sie vielleicht die Pfunde schmelzen, oft bleibt aber schlaffe Haut zurück, weil sie sich nicht so schnell zurückbildet.

Langsameres Vorgehen ist darum angesagt – oder Verzicht auf die Hungerkur zugunsten eines selbstbewussten Umgangs mit den Pölsterchen. Die meisten Männer mögen eh keine Knochengestelle!

Eine exzellente vorbereitende Maßnahme ist es, bereits eine Weile vor der Freiluftsaison mit dem Training ausgewiesener Freiluft-Sportarten, besonders zu empfehlen sind Mannschafts-Sportarten wie Beach-Volleyball, zu beginnen. Das tut nicht nur der Figur besser als ungesunde Diäten, sondern erhöht auch eklatant Ihr Flirtpotenzial. Denn wenn Sie aktiv sind, kommen Sie viel leichter in Kontakt mit anderen Leuten – auch mit Jungs –, als wenn Sie nur mit einem Buch an einem einsamen Strandabschnitt oder in der hinteren Ecke des Freibads herumliegen und lesen.

Sie sind vor dem Urlaub nicht dazu gekommen, irgendwelche neuen Sportarten zu üben? Auch nicht schlimm: Machen Sie doch vor Ort einen Kurs, da treffen Sie bestimmt auf Flirtwillige. An einer Menge Urlaubsorten werden Surf- oder Segelkurse angeboten, in den Bergen könnten Sie sich für Freeclimbing oder Wandern in der Gruppe entscheiden.

Flirttipps:

- Suchen Sie sich im Urlaub den für Flirts am besten geeigneten Strandabschnitt aus. Genauso wie es an vielen Urlaubsorten besonders familienfreundliche Abschnitte gibt – das ist logischerweise meist da, wo die Spielgeräte für Kinder stehen –, gibt es auch immer Gegenden, wo sich die flirtfreudigeren Zeitgenossen aufhalten. Das ist meist dort, wo Volleyballnetze stehen oder Beach-Soccer-Anlagen aufgebaut sind.
- Packen Sie ein paar Flirtaccessoires ein. Ein Beachball-Spiel oder eine Frisbee-Scheibe bringen Ihnen garantiert eine Menge Angebote zum gemeinsamen Sporteln ein. Das Zeug hat nicht mehr in den Koffer gepasst? Macht nichts: Fragen Sie Ihrerseits, ob der attraktive Besitzer des Beachball-Spiels auf dem Nachbarhandtuch eine Runde mit Ihnen durch den Sand fegt.

Flirttauglichkeit Strand/Freibad: sehr gut

Arbeitsplatz, Uni, Schule, etc. Bei diesen Stichworten denken die wenigsten erst mal an Spaß und Flirten. Fakt ist dennoch: Hier handelt es sich um die Orte, an denen am heftigsten geschäkert wird. Statistiken beweisen immer wieder, dass sich die meisten Paare am Arbeitsplatz finden – und irgendwie muss es ja dazu kommen. Dass das Flirtpotenzial an den Orten der täglichen Tretmühle so hoch ist, liegt vor allem daran, dass man sich dort am häufigsten aufhält und die möglichen Flirtkandidaten gewissermaßen «in einem Boot» sitzen. Daraus ergibt sich logischerweise, dass es immer etwas zu reden gibt («Professor Wilke hat was mit der Brünetten in der ersten Reihe, was meinst du?») und zahlreiche Möglichkeiten existieren, sich dem anderen unverfänglich zu nähern («Soll ich dir einen Kaffee mitbringen?», «Was kopierst du denn da?», «Kannst du mir Tipps geben, wie ich mich am besten auf die Prüfung vorbereiten kann?», «Kommst du mit in die Kantine/Mensa/Cafeteria?» etc.).

Flirttipps:

- Die Gerüchteküche brodelt schnell. Falls Sie zum Beispiel à la Bridget Jones ein Auge auf Ihren Chef geworfen haben oder gar eine Affäre mit ihm anfangen, macht das schnell die Runde, und der Bürotratsch wird Sie möglicherweise noch Jahre verfolgen – falls Sie nicht gleich Ihren Job verlieren.
- Wenn Sie Klatsch mit Ihnen als Hauptgegenstand nicht unbedingt schätzen, nutzen Sie den Ort Ihrer täglichen Arbeit als reines Flirttrainingscamp: Flirten Sie, aber nach Möglichkeit folgenlos. Besonders gefährlich sind Festivitäten wie Weihnachtsfeiern oder Sommerpartys. Wenn Sie wissen, dass Ihnen unter Alkoholeinfluss ein bestimmter Kollege gefährlich werden könnte, weihen Sie am besten vorher eine Vertraute ein, die Ihnen hilft, die Bremse zu ziehen, wenn es brenzlig wird.

Flirttauglichkeit Arbeitsplatz, Uni, Schule: gut bis befriedigend

Die Flirtparty Die bunten Plakate für Flirtpartys verheißen Gutes: Modisch gestylte Models umgarnen auf den Bildern perfekt frisierte Supermänner – und umgekehrt. Wer dann tatsächlich dem Ruf folgt und sich zu einem der «Herz beißt Haifisch», «Fisch sucht Fahrrad», «Topf vermisst Deckelchen» oder «Flirtcamp» genannten Events begibt, wird hingegen in der Regel eher Durchschnitts-Mitbürger vorfinden als Marcus-Schenkenberg-Doppelgänger. Doch bekanntlich kommt es ja auf die inneren Werte an. Und Flirtpartys haben einen entscheidenden Vorteil: Die allermeisten Leute gehen hin, um dort zu flirten. Das, was sonst den Flirt manchmal erschwert – die Angst vor der Abfuhr –, spielt hier selten eine Rolle. Flirtforscher stufen ein Umfeld wie das einer Flirtparty als «risikoarm» ein. Heißt: Egal, wie einfallslos oder plump Sie das Objekt Ihrer Begierde anquatschen, die Anmache wird vermutlich trotzdem funktionieren. Hinzu kommt, dass Sie Hilfestellung beim Flirten bekommen; z. B. in Form von Pinnwänden, auf denen Sie Nachrichten für in Frage kommende Kandidaten hinterlassen können. Manche Veranstalter setzen auch Hostessen ein, die einsame Herzen einander näher bringen sollen; wieder andere vertrauen auf moderne Technik und nennen ihre Fete «SMS-Party».

Flirttipp:

- Anschauen sollten Sie sich so eine Flirtparty auf jeden Fall mal. Gehen Sie ohne große Erwartungen hin, dann können Sie auch nicht enttäuscht werden. Und schließen Sie nicht von der Flirtparty auf das «richtige Leben». Was hier klappt, muss noch lange nicht Ihren Nachbarn überzeugen.

Flirttauglichkeit Flirtparty: sehr gut

Spezial-Flirtevents

In letzter Zeit haben sich neben den mittlerweile schon fast «klassisch» zu nennenden Flirtpartys einige Flirtformate und Kennenlern-Events entwickelt, von denen Sie sicher auch nicht zu viel erwarten sollten, aber die einen Besuch wert sind, weil sie zumindest einen interessanten Nachmittag oder Abend versprechen. Eine Auswahl:

- *Blind-Date-Dinner* Mehrere Frauen und Männer – selbstverständlich jeweils die gleiche Anzahl – treffen sich zum gemeinsamen Essen. Die Dinners gibt es in den meisten großen deutschen Städten. Informationen erhalten Sie zum Beispiel unter www.blind-date-dinner.de; www.eatundflirt.de;
- *Blind-Date-Kochkurse* Ein ähnliches Konzept wie bei den Blind-Date-Dinners, allerdings wird hier nicht nur zusammen gegessen, hier wird zuvor schon gemeinsam gebrutzelt und gekocht. Mehr erfahren Sie beispielsweise unter www.singledinners.de
- *Speed-Dating* Das Speed-Dating-Konzept macht sich zunutze, dass wir uns innerhalb weniger Augenblicke einen ersten Eindruck bilden, und bietet die Möglichkeit, eine möglichst große Anzahl potenzieller Flirtkandidaten in möglichst kurzer Zeit «abzuchecken». Und so geht's: Eine gleich große Anzahl Männer und Frauen sitzen sich an kleinen Tischen gegenüber und haben nur jeweils ein paar Minuten Zeit, sich «kennen zu lernen» – wechseln dann zum nächsten Kandidaten. Bei gegenseitigem Gefallen werden später E-Mail-Adressen oder Telefonnummern ausgetauscht – oder es wird gleich ein Folgetreffen ausgemacht. Informationen zum Beispiel unter www.speedflirting.de und auch unter der oben bereits erwähnten Adresse www.blind-date-dinner.de. Hier gibt's zum Speed-Date ein Abendessen, echtes Fastfood, sozusagen. (Das Ganze existiert übrigens inzwischen auch schon in der Online-Variante. Infos hierzu: www.speedda ting.de)

Flirttipp:

- Ausprobieren und sich umschauen, ohne zu viel zu erwarten, ist hier das beste Rezept.

Flirttauglichkeit: gut bis sehr gut – gut, weil Sie fast immer Spaß haben werden, und sehr gut, sofern unter der begrenzten Anzahl an Mitstreitern einer dabei ist, der Ihr Interesse fesseln kann.

Die Strasse ist das schwierigste Flirtpflaster überhaupt. Eigentlich lernt man niemanden mitten auf der Straße kennen, das ist ein uraltes ungeschriebenes Gesetz – ein netter Flirt mit den Augen im Vorbeigehen ist natürlich immer möglich, aber meistens ist der andere so schnell verschwunden, wie er aus dem Nichts aufgetaucht ist. Mehr als solche Flirtquickies sind normalerweise nicht drin.

Was nun aber tun, wenn Sie das Gefühl haben: Der da könnte der Mann meines Lebens sein? Wenn Ihr Blut bereits in Wallung gerät, sobald Ihre Netzhaut das erste Bild dieses Wunderwesens erreicht hat? Dann gibt's nur eins: Ran an den Mann! Nur wer jetzt schnell ist, gewinnt. Bei diesem Vorhaben kommt Ihnen eine männliche Schwäche (zunächst) entgegen: Bevor die Jungs einer Frau einen Korb geben, würden Sie sich lieber entmannen lassen. Männer leben schließlich – von der «bösen» Biologie gezwungen – nach dem Samenstreuprinzip: Mitnehmen, was kommt. Vielleicht kann ich ja mein Erbgut loswerden, ein bisschen Spaß dabei haben und mich anschließend wieder aus dem Staub machen. Für Sie bedeutet das: Sie können im Grunde mit jeder noch so dämlichen Anmache landen, zumindest denken Männer wesentlich seltener «Oh Gott, was ist das denn jetzt für ein unsäglicher Satz», als Frauen das tun.

Und das Beste: Sie können nichts verlieren. Schlimmstenfalls wird nix draus, das ist dann das gleiche Ergebnis, als hätten Sie nichts unternommen.

FLIRTTIPP:

- Ein ehernes Grundgesetz des Flirtens lautet: Sprechen Sie niemals jemanden von hinten oder schräg hinten an, erst recht nicht, wenn Sie vorher keinen Blickkontakt hatten. Das Einzige, was Sie damit erreichen, ist, dass der Angesprochene sich erschrickt und dadurch automatisch auf Abwehr schaltet. Männer sind genetisch gesehen tief in ihrem Inneren noch immer Stammeskrieger und offenbar aus evolutionsbiologischen Gründen auch nicht gut auf Leute zu sprechen, die sich ihnen frontal nähern – das haben früher nur die Feinde gemacht. Also kommen Sie schräg von vorn und sagen Sie ganz simpel: «Entschuldige, ich habe so was noch nie gemacht, aber ich würde es mir nie verzeihen, wenn ich jetzt nichts getan hätte: Hast du vielleicht Lust, mit mir einen Kaffee zu trinken?» (Wenn er jetzt sofort keine Zeit hat, wird er Sie vielleicht um Ihre Telefonnummer bitten – oder Ihnen seine aufschreiben. Sie haben doch an Ihren Notizblock gedacht? Apropos: Sie können ihn natürlich auch nach dem Weg fragen.) Falls er ablehnt: Machen Sie sich nichts draus. Der Typ da vorne an dem Eckgeschäft sieht doch auch ganz nett aus …

FLIRTTAUGLICHKEIT STRASSE: gut bis mangelhaft

FLIRTBOOSTER

Sie können Ihr Leben flirtunfreundlich gestalten – und als Naturschutzbeauftragte auf eine Insel ziehen, wo außer Ihnen nur eine Menge Vögel zu Hause sind, um deren Aufzucht und Pflege Sie sich kümmern sollen. Das ist natürlich sehr edelmütig, aber flirten werden Sie dort höchstens mit den Möwen. Oder, das ist die spaßigere Alternative, Sie wählen Ihre Hobbys und sonstigen Beschäftigungen so aus, dass Sie möglichst viel Gelegenheit zur Aufzucht und Pflege zwischenmenschlicher Beziehungen bekommen. Im Folgenden eine Auswahl an Flirtkatalysatoren:

Das richtige Hobby Um sich fit zu halten, besuchen Sie Aerobic-, Jazz-Tanz-, Yoga- und Bauch-Beine-Po-Kurse? Das ist für Ihre Gesundheit bestimmt großartig, fürs Flirten allerdings ziemlich ungünstig. Denn besonders vielen Männern werden Sie dort nicht begegnen, und die, die Ihnen dennoch über den Weg laufen, interessieren sich möglicherweise nicht für Frauen. Raffinierte Jungs, die Frauen kennen lernen möchten, wählen zwar genau diese Sportarten, um ihren Körper zu stählen, weil sie wissen, dass sie der Hahn im Korb sein werden. Aber es sind nun mal nicht alle Jungs raffiniert. Vielen Männern bricht der Angstschweiß aus, weil sie befürchten, zu Scooter oder Dieter Bohlen (schlimm!) möglicherweise pastellfarbene Hanteln (noch schlimmer!) stemmen zu müssen. So und ähnlich stellen sich die Vertreter des männlichen Geschlechts nämlich Aerobic-Stunden vor. Nun, das kann Ihnen herzlich egal sein, wenn Sie Ihrerseits in sportlicher Hinsicht Raffinesse beweisen: Erlernen Sie eine Sportart, die hauptsächlich Männer machen und bei der Sie – vor allem – mit Jungs zusammen trainieren. Das kann zum Beispiel Kick-Boxen sein oder eine andere asiatische Kampfsportart. Hat den angenehmen Nebeneffekt, dass Sie extrem fit werden, in Zukunft weniger Angst im Dunkeln haben müssen und sich so cool bewegen können wie Uma Thurman in «Kill Bill». Das ist Ihnen zu martialisch? Dann spielen Sie Volleyball oder Badminton in einer Mixed-Mannschaft. Sie können selbstverständlich auch andere «männliche» Hobbys ergreifen und Modelleisenbahnen bauen, Briefmarken sammeln oder Tontauben schießen. Allerdings sollten Sie vielleicht zuvor eine diesbezügliche Veranstaltung aufsuchen, wie eine Miniaturbahn-Messe oder eine Philatelisten-Versammlung, um im Vorfeld abzuschätzen, ob Sie die dort auflaufenden Herren wirklich kennen lernen möchten.

DER RICHTIGE (NEBEN-)JOB Im Gegensatz zu vollwertigen Stellen gibt es Nebenjobs wie Sand am Meer. Sehr frauentypisch sind zum Beispiel die Tätigkeiten in einem Callcenter oder Babysitten – dass Sie hier wenig Gelegenheit zum Flirten bei der Arbeit haben, liegt auf der Hand. Kellnern oder der Job als Werbedame in einem Kaufhaus sind schon kommunikativer, aber es gibt noch bessere Möglichkeiten. Haben Sie zum Beispiel schon mal darüber nachgedacht, sich Grundkenntnisse in Ton- oder Lichttechnik anzueignen? Lichttechnikerinnen beleuchten Theaterstücke, Auftritte großer und kleiner Bands, Kabarettveranstaltungen und vieles mehr. Tontechnikerinnen kümmern sich bei solchen Events um den reibungslosen Ablauf der Beschallung. Angehörige beider Professionen haben mit sehr vielen unterschiedlichen Leuten zu tun, und dabei überproportional und häufig mit Männern, insbesondere dann, wenn sie sich um Bandauftritte kümmern. Und zwar oft nicht mit irgendwelchen Langweilern, sondern – immerhin – mit kreativen Vertretern der Spezies Mann. Machen Sie doch mal ein Praktikum in einer PA-Firma (PA steht für «Public Address»), um zu sehen, ob Ihnen eins von beidem liegt. Beide Jobs gibt es auf sehr unterschiedlichen Niveaus – die technische Betreuung eines Robbie-Williams-Konzerts in einer Riesenarena wird Ihnen als interessiertem Laien wohl leider nicht anvertraut werden, aber auch wenn Sie «nur» im Jugend- oder Bürgerzentrum Ihrer Gemeinde für Licht oder Ton zuständig sind, werden Sie vielen spannenden Leuten begegnen. Und das Beste: Die sind auch noch auf Sie angewiesen. Außerdem genießen Sie hier als Frau Exotenstatus. Ähnliches gilt für den Job der DJane. Wenn Sie spät anfangen, werden Sie es wahrscheinlich nicht mehr zur Mayday-Reife bringen, aber in kleineren, nicht ganz so hippen Clubs ist man durchaus daran interessiert, auch talentierte Laien an die (CD-)Pulte zu lassen. Zumindest, sofern das nichts oder nur wenig kostet. Privatpartys oder Hochzeiten und dergleichen gehen natürlich auch. Der Nachteil: Sie sind an Ihre Kanzel gefesselt. Darum sollten Sie möglichst nicht allein für den Job zuständig sein, sondern sich mit jemandem abwechseln. Wenn Sie anschließend ein kühles

Getränk an der Bar schlürfen, werden die Herren garantiert von ganz alleine ankommen und mit Ihnen über Musik sprechen wollen. Und Musik ist, das haben Sie schon gelesen, ein ideales Einstiegsthema für einen Flirt. Das ist alles nichts für Sie? Nun, im Grunde sind auch alle anderen Jobs oder Nebenjobs von Vorteil, bei denen Sie viel direkten Kontakt mit Menschen haben. Denn je mehr Sie mit anderen Leuten zu tun haben, desto souveräner können Sie flirten – egal, ob Sie nun Bademeisterin, Interviewerin für ein Meinungsforschungsinstitut, Fitness-Trainerin oder Verkäuferin in einer Weihnachtsmarktbude sind.

Ein Hund Hunde sind Kontakt-Wunder. Hundebesitzer wissen das. Es sei denn, sie führen eher Furcht einflößendes Getier wie riesige Doggen oder Pitbulls spazieren. Männer finden «sportliche» Hunde mittlerer Größe sympathischer als Hunde, die in jede Handtasche passen und die so zierlich sind, dass man befürchten muss, ein einziger Windstoß könne sie hinwegfegen. Diese Einschätzungen übertragen die Herren auch gern auf die Trägerin. Heißt: Sie halten Frauchen von Miniatur-Kläffern, schlimmstenfalls mit Schleifchen im Haar, eher für Zicken als Halterinnen eines mit bloßem Auge wahrnehmbaren Hundes. Je freundlicher der Hund ist, umso besser für einen Flirt. Wenn Ihr bester Freund Sie immer nur mit gefletschten Zähnen bewachen möchte, wird Ihnen vermutlich niemand zu nahe kommen – auch derjenige nicht, von dem Sie sich das eigentlich wünschen würden. Haben Sie aber ein nettes Tier an der Leine, wird kaum ein Spaziergang vergehen, bei dem Sie nicht mit anderen Hundebesitzern ins Gespräch über die lieben Kleinen im Speziellen und die Welt im Allgemeinen kommen. Nun soll Ihnen hier auf keinen Fall geraten werden, dass Sie sich lediglich aus Flirtgründen einen Hund anschaffen, obwohl Sie keine Zeit, keinen Platz oder kein Geld dafür haben oder Tiere generell irgendwie doof finden.

Aber leihen Sie sich doch mal einen Fiffi! Bieten Sie den Hundebesitzern unter Ihren Freunden an, das Tier während des Urlaubs (oder erst mal nur ein Wochenende) zu betreuen. Wenn Sie niemanden kennen, der einen Hund besitzt, gehen Sie zum Tierheim Ihrer Stadt. Die dortigen Mitarbeiter suchen stets nach Leuten, die mit den Bellos unentgeltlich Gassi gehen. Erkundigen Sie sich nach einem lieben und ruhigen Exemplar. Und dann geht's in den Stadtpark, auf zum Flirt mit vierbeiniger Unterstützung!

Gesangsunterricht Bands werden vornehmlich von Jungs gegründet, das ist allgemein bekannt. Aber viele solcher musikalischen Bündnisse haben ein Problem: Man hat zwar die wichtigsten Instrumente wie Bass, Schlagzeug und Gitarre besetzt. Aber es fehlt jemand für den wichtigsten Posten: den Sänger. Im Kleinanzeigenteil von Stadt-Illustrierten finden Sie darum fast immer Annoncen, in denen nach gesanglicher Unterstützung für Gruppen verschiedener Musikstile gesucht wird. Und nicht wenige Bands suchen auch explizit eine Sängerin, weil sie sich davon eine generelle Attraktivitätssteigerung ihrer Combo erhoffen. Wenn Sie nun also auch nur ein kleines bisschen Talent haben und die meisten Töne treffen, sollten Sie in Erwägung ziehen, Gesangsstunden zu nehmen – und sich anschließend bei einem solchen Projekt melden. Das erfordert ein bisschen Mut und manchmal mehrere Anläufe, bis Sie die zu Ihnen passende Band gefunden haben, ist aber nicht mal halb so aufregend wie die Bewerbung bei einer der Casting-Shows im Fernsehen. Es läuft keine Kamera mit, und in der Jury sitzen keine ebenso dauergebräunten wie dauergrinsenden Werbeträger aus der norddeutschen Tiefebene.

Singen ist nichts für Sie, eher eines der Instrumente? Auch gut. Als aktives Bandmitglied haben Sie auf alle Fälle mannigfaltige Gelegenheiten zum Flirt. Im Musik-Business, selbst auf Gemeindeebene, tummeln sich in erster Linie Männer – und damit sind nicht nur die Jungs aus der Band gemeint. Sie werden wahrscheinlich bei Auftritten von attraktiven Herren nur so umschwärmt: Unterschätzen Sie nicht die Anzahl männlicher Groupies. So bekommen Sie eine Menge Flirtübung und ein gesundes Selbstbewusstsein – hervorragende Voraussetzungen, um eine Meisterflirterin zu werden!

Ein «cooles» Auto Männer fahren dicke Schlitten, Frauen fahren Frauenautos, die klein, praktisch und meistens rot sind – so weit das Klischee. Aber zum Glück sind Klischees keine Regeln, an die man sich halten muss. Sollten Sie demnächst vor der Anschaffung eines neuen Fahrzeugs stehen oder sich einen Zweitwagen leisten können, überlegen Sie sich doch mal, eins zu kaufen, das zwar nicht so richtig praktisch ist und auch nicht unbedingt neu, aber dafür ziemlich großartig. Um genau zu sein: ein Auto, von dem Männer träumen. Ein Auto, in dem große (und kleine) Jungs unbedingt mitfahren werden wollen und dessen Glanz auf Sie abstrahlen wird – zumindest in den Augen der Männer. Ein tolles Auto ist gleichbedeutend mit einer tollen Frau. Einer coolen Frau, die Geschmack hat und keine Tussi ist. Die Männer werden Sie ansprechen, ohne Unterlass. Sie werden versuchen, Ihr Freund zu sein – wie damals in Kindertagen, wo man immer mit dem- oder derjenigen befreundet sein wollte, der oder die das tollste Spielzeug hatte. Auf das alles lässt sich natürlich hervorragend ein Flirt aufbauen. Wie wäre es also zum Beispiel mit einem alten Ford Taunus? Einem Karmann Ghia? Einem alten Käfer? Einem alten Mercedes (zum Beispiel ein Strich 8er, Männer sind verrückt nach diesem Ding)? Oder inzwischen auch wieder einem Opel Manta? Ein alter 911er Porsche ist von den ganzen Superkarren natürlich das Größte. Aber Vorsicht, der Spaß bedarf einer sorgfältigen vorherigen Kosten-Nutzen-Rechnung: Viele alte Schlitten sind gebraucht zwar günstiger, als Sie vielleicht annehmen. Allerdings müssen Sie mit horrenden Sprit-Kosten, Reparaturen und ohnmachtsauslösenden Versicherungsprämien rechnen. Wenn Sie das nicht abschreckt, kaufen Sie sich mit einem solchen Fahrzeug gleichzeitig den Fahrschein in Männerherzen.

Humor Männer klagen oft darüber, dass Frauen angeblich keinen Humor haben. Das stimmt natürlich nicht. Eigentlich ist diese Geschichte ein ähnliches Missverständnis wie das zwischen Hund und Katze, das allein wegen des Schwanzwedelns entsteht. Der Hund wedelt mit dem Schwanz, wenn er sich freut, die Katze, wenn sie sehr gereizt ist. Also glaubt ein Hund, der zum ersten Mal eine Katze mit dem Schwanz peitschen sieht, sie wolle spielen und läuft freudig auf sie zu, um mit ihr zu balgen. Die Katze wiederum nimmt an, sie werde angegriffen (der Hund wedelt ja, wie sie selbst, mit dem Schwanz), startet zur Verteidigung, und – zack – hat der arme Hund einen Kratzer auf der Nase. Frauen sind in diesem Vergleich die Katzen, die sich schnell angegriffen fühlen, auch wenn der Hund (der Mann) «nur spielen» (= flirten) will. Die provokative Anmache, wie im Abschnitt «Frech kommt weiter» beschrieben, ist auch eine der Standard-Anmachen jungenhafter Männer, die keine Lust auf starre Rollenklischees mit dem Mann als allzeit hofierenden Gentleman haben. «Na, ein bisschen zugelegt?» oder «Hey, ich hab dich eben einparken gesehen. Respekt, nur fünf Mal neu angesetzt ...» sind für Männer durchaus ernst gemeinte Flirteröffnungen – und sie wundern sich, dass die Frau darauf eher kratzbürstig als begeistert reagiert. Die Jungs meinen ihren Spruch als nette Neckerei, nicht ahnend, dass sie damit oft an wunden Punkten bei den Angesprochenen rühren. Wenn Sie sich ein etwas dickeres Fell zulegen, um solche nur vermeintlich bösartigen Anmachen locker wegzustecken, haben Sie in vielen Fällen die Chance, einen netten Mann kennen zu lernen. Necken Sie einfach zurück, und schon gelten Sie als eine der angeblich seltenen Frauen mit Humor – und haben einen neuen Fan. (Wie das Zurücknecken geht, haben Sie ebenfalls unter «Frech kommt weiter» gelesen.)

FLIRTFAUXPAS

Genauso wie es Flirtbooster gibt, lassen sich natürlich auch eine Reihe von Fauxpas ausmachen. Verhaltensweisen, die einen Flirt zuverlässig verhindern oder zumindest empfindlich stören. Wahrscheinlich trifft das Folgende alles nicht auf Sie zu, aber sicher ist sicher.

CALLING MR. WRONG Hatten Sie auch mal eine dieser unerfüllten Schullieben für einen Jungen, den Sie nur aus der Ferne anzuschmachten wagten? Ihnen gefiel, sagen wir, Leo aus der 9a. Sobald Sie in Leos Nähe kamen, sind Sie rot angelaufen, Ihre Knie wurden weich, und Sie brachten kein Wort mehr raus. Ganz anders bei Thomas, dem besten Freund von Leo. Mit dem konnten Sie völlig problemlos reden und herumalbern. Den Kontakt zu Thomas haben Sie eigentlich nur aufgenommen – völlig unbeschwert, wohlgemerkt –, weil Sie sich so unauffällig in Leos Nähe bewegen konnten. In Gegenwart von Thomas waren Sie niemals schüchtern. Aus dem einfachen Grund, weil Sie nicht in ihn verliebt waren. Mit Thomas konnten Sie stundenlang quatschen, Thomas konnten Sie angrinsen, und Thomas haben Sie nach der Schule im Eiscafé zur Cola eingeladen. Es kam, wie es kommen musste: Irgendwann war Thomas bis über beide Ohren in Sie verschossen. Und Leo hatte keine Ahnung von gar nichts. Kein gutes Konzept.

Lernen Sie darum aus dem Hauptfehler verliebter Teenies. Sicher können Sie auch im Erwachsenenalter an Ihren Traumtypen über dessen besten Freund heranzukommen versuchen. Aber bitte vergessen Sie dabei nicht, dem Freund sehr bald mitzuteilen, für wen Ihr Herz in Wirklichkeit schlägt. Machen Sie ihn zu Ihrem Komplizen. Er wird sich verpflichtet fühlen, Ihnen zu helfen. Sofern er Chancen für Sie sieht. Falls nicht, wird er Ihnen vermutlich schonend beibringen, dass Sie bei Ihrem Supermann keine Aussicht auf Landung haben. Das ist unangenehm, aber auf jeden Fall besser, als

Zeit damit zu verschwenden, um einen unerreichbaren Mann herumzuschleichen. Aber es besteht ja auch die Chance, dass die Sache klappt.

Der Zukunftsplan Sie haben eine recht genaue Vorstellung von Ihrer fernen Zukunft, und die orientiert sich ein bisschen an den Waltons und an Pippi Langstrumpf: Sie wünschen sich einen Haufen Kinder und ein großes Domizil im Vorort einer Metropole. Eine lebendige Villa Kunterbunt mit Veranda und einer Hollywood-Schaukel im wild bewachsenen Garten, in dem Sie bunte Familienfeste zu veranstalten beabsichtigen. Dazu fehlt Ihnen allerdings noch der passende Partner. Der Mann fürs Leben, um genau zu sein. Sobald Sie einen Mann kennen lernen, erzählen Sie ihm von Ihrem Traum. Sie sagen so etwas wie: «Ich habe keine Lust auf Abenteuer, ich suche den Mann, der bei mir bleibt. Für immer.» Das erzählen Sie nach ungefähr fünf Minuten. Und plötzlich erwähnt der Typ was von Zahnschmerzen und weg ist er. Was ist passiert? Nun ja. Der Traum von der kinderreichen Familie im reetdachgedeckten Bauernhaus ist an sich nicht verboten. Aber wenn Sie einem Mann kurz nach dem Kennenlernen damit kommen, wird er glauben, dass Sie ihn am nächsten Morgen vor den Traualtar zerren wollen. Sie ahnen, dass das mit der Unverbindlichkeitsregel nicht unbedingt konform geht. Außerdem klingt das Ganze verdammt nach Torschlusspanik, gewürzt mit einem Hauch Verzweiflung. Danach, dass Sie keinen abkriegen, weil Sie vielleicht – so der mögliche Schluss – irgendeine verborgene Macke haben. Außerdem vermitteln Sie mit dieser Bemerkung, dass Sie wenig wirkliches Interesse an Ihrem Gegenüber selbst haben, sondern ihn nur als Erfüllungsgehilfen für Ihre Zukunftspläne sehen. Das ist natürlich eine miese Unterstellung, aber solche Gedanken provozieren Sie mit einer Haltung wie dieser. Sparen Sie sich deshalb das Thema Großfamilie für später auf. Für das zweite oder dritte Jahr Ihres etwaigen Zusammenseins.

Merke: Auch Männer wollen als einzigartige Wesen wahrgenommen werden. Und nicht als Mittel zum Zweck.

LÄSTERN Ihr Ex-Freund Rüdiger war ein ziemliches Arschloch. Er hat Sie mit Ihrer Ex-Besten-Freundin Katja betrogen, außerdem hat er im Haushalt nicht einen Finger gerührt, obwohl seine Jobsituation mit dem Zwölf-Stunden-Tag Ihrer zum Verwechseln ähnlich war. Nicht mal der Katze hat er was zu fressen gegeben. Rüdiger war also faul, untreu und gemein. Das sagt auch Ihre Mutter. Und Ihr Bruder. Und Ihre Freundin Mira. Mira hat ein Gespür für so was, sie hat auch schon ganz am Anfang über Ihren Ex-Ex-Freund Lars gesagt, dass der eine ganz falsche Nummer ist. Lars hat sich nämlich Geld geliehen und nie zurückgegeben und außerdem eine Schramme in Ihre Ente gemacht und die Sache anschließend einfach verschwiegen. Lars war ein absoluter Blödmann. Eigentlich hatten so ziemlich alle Ihre «Exe» einen Schaden, wenn Sie etwas länger darüber nachdenken.

Im Moment sind Sie unbemannt. Und nehmen an dieser langweiligen Fortbildung teil. Eine gute Gelegenheit, mal die Fühler nach männlichen Herausforderungen auszustrecken. Der Typ, der neben Ihnen beim Mittagessen sitzt, ist beispielsweise ziemlich süß. Sie und er haben auch bereits zuvor ein paar viel versprechende Blicke getauscht. Jetzt unterhalten Sie sich und stellen sehr bald fest: Der könnte es sein. Der ultimative Mann. Dieser Mann, Peter sein Name, scheint toller zu sein als Ihre Ex-Gefährten. Und das erzählen Sie ihm, damit er sich freut. «Du bist so ganz anders als andere Männer», sagen Sie. Und führen das noch weiter aus: «Also, mein ehemaliger Freund, der Rüdiger, war ein richtiges Arschloch. Faul, untreu und gemein.» Dass das auch Ihre Mutter, Ihr Bruder und Mira sagen, fügen Sie gleich noch hinzu. Dann beginnen Sie, detailreich über Rüdigers Vergehen herzuziehen, das macht richtig Spaß, diesen Idioten im Nachhinein in die Pfanne zu hauen.

Sie sind noch gar nicht am Ende angelangt, da entschuldigt sich Peter: «Du, ich glaube, ich muss mal mit dem Dieter sprechen, der hat mir gerade ein Zeichen gemacht, wir sind zusammen hergekommen, mal sehen, was er will …» Dann verschwindet er. Sie warten. Und warten. Aber Peter kommt nicht zurück und setzt sich während der Kaffeepause am Nachmittag ans andere Ende des Saals.

Kein Wunder. Ein Mann, der mit Ihnen flirtet, hat, das sei unterstellt, ein wie auch immer geartetes Interesse an Ihnen. Ganz theoretisch z. B. auch daran, eventuell Ihr Freund zu werden. Nicht sofort und nicht unbedingt, aber immerhin scheinen Sie ihm ja erst mal zu gefallen. Bis Sie anfangen, über Ihre Ex-Freunde herzuziehen und die Fehler der Jungs genüsslich auszuwalzen und sich darüber zu mokieren. In diesem Moment passiert mit Ihrem Gegenüber etwas äußerst Ungünstiges:

Er vergleicht seine eigenen Macken, die er mit Sicherheit hat, mit denen Ihrer Ex-Liebhaber. Vielleicht denkt er sich: Oh Gott, wenn die Frau das alles stört, passen wir ja erst recht nicht zusammen. Vielleicht ist er auch erleichtert, weil seine Fehler wirklich ganz woanders liegen. Das ist für den Flirterfolg nicht zwingend besser, denn vor deren Entdeckung wird er bereits jetzt Angst haben, bekommt er von Ihnen doch nachhaltig den Eindruck einer illoyalen Person. Leute, die lästern und intime Geheimnisse nahe stehender oder wenigstens ehemals nahe stehender Menschen ausplaudern, erscheinen immer in merkwürdigem Licht. Der Mann, mit dem Sie doch eigentlich flirten wollen, sieht sich gedanklich schon in der Position eines Ihrer Ehemaligen und denkt sich: So wird sie dann auch über mich herziehen. Och nö!

Ein Jammer! Nicht nur das Lästern über die Macken Ihrer Ex-Partner ist ein Flirtkiller. Auch ausdauerndes allgemeineres Jammern kommt beim Flirten nicht immer gut an; nur die wenigsten Männer haben ein latentes Helfer-Syndrom. Es kann ja tatsächlich sein, dass es Ihnen im Moment nicht besonders gut geht, weil Ihr Wellensittich entflogen ist oder vielleicht Ihr Traummann oder Sie sich ärgern, weil Ihre Firma das Urlaubsgeld um 20 % gekürzt hat. Vielleicht ist ja auch Schlimmeres passiert. Verstehen Sie das bitte nicht miss: Jeder hat ein Recht auf schlechte Laune, Traurigkeit und sonstige Gefühlsanwandlungen. Ein Flirt kann da für angenehme Ablenkung und eine deutliche Verbesserung der Laune sorgen, aber nur, wenn Sie sich daran halten, Ihre neue Bekanntschaft höchstens in Spurenelementen mit Ihren Sorgen und Nöten zu belasten. Um sich auszuheulen, sind neue Bekanntschaften nun mal nicht da, wofür gibt es schließlich gute Freunde?

Das Problem: Wenn Sie kurz nach dem Kennenlernen Ihre persönliche Misere zum Thema machen, ist die Grundstimmung erst mal negativ. Ihr Zuhörer wird betroffen schweigen, betreten zu Boden blicken und Ihnen bestenfalls hilfreiche Ratschläge zu geben versuchen. Vor allem aber wird er die negative Atmosphäre gedanklich mit Ihnen verknüpfen. Sparen Sie sich deswegen Problemgespräche besser für spätere Treffen auf und dosieren Sie sie auch dann sparsam.

Ein Sonderfall: das Klagen über Misserfolg bei der Herrenwelt. Das sollten Sie tunlichst gänzlich unterlassen. Eventuell provozieren Sie damit noch Mitleid, wahrscheinlicher ist jedoch Ablehnung. Denn so signalisieren Sie Ihrem Gegenüber, dass mit Ihnen möglicherweise irgendwas nicht ganz stimmt. Dass Sie eine verborgene Macke haben, die die anderen Männer (die, bei denen Sie keinen Erfolg hatten) erkannt haben.

So banal das auch klingt, bemühen Sie sich um eine positive Grundhaltung. Wenn Sie gerade schön flirten, sollte es Ihnen doch eigentlich gut gehen. Sie bekommen Anerkennung vom anderen Geschlecht und dürfen sich als attraktive Frau fühlen. Entwerten Sie das nicht durch Problemwälzerei. Man kann sich nämlich auch in Schwierigkeiten hineinsteigern. Sobald Sie merken, dass Sie das tun, halten Sie inne und konzentrieren Sie sich auf den Moment. Und im Moment steht da ein Mann, den Sie toll finden, und spricht mit Ihnen. Also: Wo ist das Problem?

Angetrunkener Mut Vielleicht sind Sie eher introvertiert und erhoffen sich von einem Drink etwas Lockerung in puncto Annäherung an attraktive Männer. Natürlich schafft ein wenig Alkohol im Blut gerade Schüchternen Erleichterung, was das Anflirten und Ansprechen des Supermannes betrifft. Das ist auch völlig in Ordnung. Wie heißt es doch so schön: Ein Gläschen in Ehren kann niemand verwehren. Und solange er ebenfalls etwas Alkoholisches trinkt, werden Sie sicher nicht durch einen nach Alkohol riechenden Atem auf sich aufmerksam machen.

Problematisch wird es allerdings dann, wenn Sie *sehr* viel Angst haben und sich darum *sehr* viel Mut antrinken und darum plötzlich *sehr* betrunken sind. Das wirkt dann mit Sicherheit eher kontraproduktiv. Betrunkene Frauen, da sind sich die Männer einig, sind unerotisch und abturnend. Je nüchterner der Mann, desto vehementer wird er diese Ansicht vertreten (beziehungsweise überhaupt bemerken, dass eine Frau betrunken ist). Sicher ist: Frauen, die Formulierungsschwierigkeiten haben, weil ihre Zunge nicht mehr gehorcht, und die ihren Blick nicht mehr auf einen Punkt fixieren können, lassen Männer die Flucht ergreifen.

Trinken Sie darum möglichst nach jedem alkoholhaltigen Getränk ein Mineralwasser oder eine Apfelschorle – das hat den Nebeneffekt, dass Sie keinen dicken Kopf kriegen, weil Sie Ihren Flüssigkeitshaushalt im Gleichgewicht halten – und lassen Sie die Finger von Hochprozentigem. Und wenn Sie wissen, dass Sie an einem bestimmten Abend vermutlich Alkohol konsumieren werden, sorgen Sie für eine fetthaltige Grundlage, wie z.B. Spaghetti mit Sahnesauce. Das verzögert die Aufnahme des Alkohols ins Blut.

ZU COOL FÜR DIESE WELT Es war vor einer Weile mal besonders «stylish», im Nachtleben Sonnenbrillen zu tragen. Diese Modeverirrung ist zum Glück wieder vorbei, denn Sonnenbrillen ohne Sonne sind wie Skier ohne Schnee: absolut albern! Darüber hinaus behindern sie wichtige Flirtaktivitäten. Sie erinnern sich: Ganz entscheidend ist der Blickkontakt, denn nur der direkte Blick ins Auge macht glücklich und animiert zur Kontaktaufnahme. Bloß schön zu sein nützt da wenig. Achten Sie einfach mal drauf, ob Ihnen Ihrerseits ein fremder Mann gefallen kann, der eine Sonnenbrille trägt. Und? Wahrscheinlich nicht, denn der zündende Funke springt mit dunklen Gläsern vor den Augen einfach nicht über. Nicht umsonst tragen Stars Sonnenbrillen, wenn sie von niemandem angesprochen werden wollen. Auch wenn Sie mit einer Sonnenbrille unglaublich toll und supercool aussehen: Nehmen Sie sie lieber ab, wenn Sie irgendwo einen Mann erblicken, der Ihnen gefallen könnte. Das gilt übrigens auch dann, wenn tatsächlich die Sonne scheint. Suchen Sie in diesem Fall nach Möglichkeit den nächstgelegenen Schatten auf, setzen Sie den Augen-Sonnenschutz ab und lächeln Sie von dort aus den Mann Ihrer Wahl an.

Ähnlich ungünstig wie nächtlich getragene Sonnenbrillen wirkt unermüdliches Kaugummikauen, schlimmstenfalls mit offenem Mund und Schmatzgeräuschen. Sie befürchten, schlechten Atem zu haben? Dann kauen Sie Ihr Kaugummi kurz, bis es den Geschmack verloren hat, und entsorgen Sie es dann. Stellen Sie sich einfach mal vor, Sie würden etwas Wichtiges erzählen, und der Mann Ihnen gegenüber kaute konstant auf etwas herum. Das wirkt doch irgendwie unhöflich und gelangweilt, nicht wahr?

Schön und allein?! oder: Warum Sie nicht traurig sein müssen, wenn Sie kein Supermodel sind

> Gegenüber sehr attraktiven Frauen ist meist der Mann der Schutzbedürftige.
>
> Oscar Wilde

Man stelle sich eine beliebige wunderhübsche Frau vor. Vom Typ Winona Ryder vielleicht oder so eine wie Heidi Klum. Lange Beine, glänzende Haare, hohe Wangenknochen und so weiter und so weiter. Eben genau so eine, die sich Männer möglicherweise in einsamen Stunden auf öffentlichen Toiletten oder im Stau hinter den praktisch getönten Scheiben so vorstellen, wie Gott sie schuf. Eine Frau, die normale Frauen ein wenig penetrant finden mit ihrem Göttinnen-Appeal. Schließlich müssen die «Normalen» doch beim Klamottenkauf immer ab Größe 40/42 gucken und bekommen von ihrem Friseur immer mit dramatischem Seufzen Dinge zu hören wie: «Also g'stuft müssen's scho sein bei deiner Haarstruktur.» Die Göttinnen haben solche Probleme selbstverständlich nicht, ihr Hauptschmuck ist voll und wallend, die Konfektionsgröße im Allgemeinen 36 – bei vollem C-Körbchen-Ausgleich, versteht sich.

Nun die Preisfrage: Was meinen Sie, werte Leserinnen, passiert, wenn so eine Superfrau allein an der Bushaltestelle herumsteht oder vielleicht auch am Infostand im Castrop-Rauxeler Gemeindezentrum? Wird diese Frau von Männern umschwirrt, «wie die Motten das Licht», wie vor längerer Zeit eine gewisse Marlene Dietrich – auch eine von diesen Superfrauen – im «Blauen Engel» sang? Oder wird sie nicht beachtet? Hat sie an jedem Finger zehn potenzielle und potente Liebhaber und wird, wo sie auch geht und steht, angesprochen, eingeladen, mit Komplimenten bombardiert? Oder bettet sie sich jeden Abend allein und einsam in blütenzarten Kissen? Die meisten Leute, Männer ebenso wie Frauen, werden wohl vermuten, dass so ein Luxusweib nicht lange allein bleibt. Dass sich die Herren um seine Gesellschaft reißen und alles dafür tun würden, es an seiner Seite zu haben. Doch weit gefehlt! Schöne Frauen sind nämlich oft einsam!

Das bedarf einer Erklärung. Zu diesem Zweck lassen wir den bei solchen Fragestellungen gerne zitierten Forscher Karl Grammer aus Wien zu Wort kommen. Herr Grammer hat in seinem Buch «Signale der Liebe» Folgendes festgehalten: «Wir finden tatsächlich, dass Männer, wenn sie hohes Risiko vermuten, es den Frauen überlassen, das Gespräch zu beginnen.» An anderer Stelle heißt es: «Bei Frauen wirkt Attraktivität eher hemmend, weil sich Männer verunsichert fühlen. In diesem Fall wird Schönheit zum sozialen Problem.» Etwas simpler ausgedrückt: Die meisten Männer quatschen besonders attraktive Frauen (= hohes Risiko) einfach nicht an. Sie schüchtern sämtliche Kerle derart ein, dass es ihnen die Sprache verschlägt. Blöderweise lassen sich viele Frauen noch immer ansprechen. Sie signalisieren per Blick und Lächeln Interesse, den Rest macht in der Regel der Mann. Also, wenn er macht. Aber er macht ja nicht, er traut sich ja nicht mal, richtig hinzugucken, wie soll die arme Schöne da Signale senden? Ausnahmen sind Männer, die ein so unanständiges Selbstbewusstsein besitzen, wie es nur Leute haben, die ständig von aller Welt (und manchmal zu Unrecht) vermittelt bekommen, was für kernige Typen sie sind. Ehemalige Filzball-Prügler zum Beispiel oder getoastete Koks-Partyveranstalter. Aus dieser Perspektive wird einmal mehr klar, warum glutäugige Beautys oft die Seite von Herren zieren, die weder jemals in den MENSA-Club der Intelligenzbestien aufgenommen noch in der Liste der *Sexiest Men Alive* auftauchen werden. Diese Männer sind aber auf irgendeinem (für die Geschichte der Menschheit meist eminent bedeutungslosen) Feld so erfolgreich, dass sie Dauergäste bei den privaten Fernsehsendern sind.

Doch wenden wir uns wieder dem Problem des mit mittelmäßigem Selbstwertgefühl ausgestatteten männlichen Normalbürgers zu.

Er sieht also das Sahneschnittchen und tut, wie gesagt, rein gar nichts. Was soll er auch tun? Er muss ja annehmen, dass solche Frauen ständig und überall von Süßholzraspeleien irgendwelcher Gigolos bedrängt werden. Will er zu diesen Schmierlappen gezählt werden? Auf keinen Fall! Die Pointe ist ja: Sämtliche Schmierlappen und Nicht-Schmierlappen denken das Gleiche. Ergebnis: Die Frau wird nicht angesprochen. Die Frau bekommt keine Komplimente. Und was denkt eine Frau, die nicht angesprochen wird und keine Komplimente bekommt? Dass sie unattraktiv ist. Sie wird also unsicher und schüchtern. Und wie wirkt eine wahnsinnig schöne Frau, die unsicher und schüchtern ist? Ganz genau: Arrogant! Ein Teufelskreis.

Hinzu kommt, dass den schönen Ahnungslosen ihre Geschlechtsgenossinnen nicht die Butter auf dem Brot gönnen. Erst einmal würden die Mädels lieber ihre Zunge verschlucken, als der Attraktiven zu bestätigen, dass sie attraktiv ist. Im Gegenteil, es wird gern gelästert: Schlechte Mütter, Egoistinnen, Fremdgeherinnen, Snobs und materialistische Ziegen sollen die Alpha-Weibchen sein, so die Ergebnisse von Umfragen.

Und jetzt? Sollte man einen Verein gründen «Helft den Schönen E.V.»? Nein, das muss man sicher nicht. Schließlich haben auch versnobte Egoistinnen Augen im Kopf und merken beim Stupsnäschen-Pudern im Spiegel, dass sie in puncto Erscheinungsbild eher zum Aussehen des VOGUE-Titelmädchens tendieren als in Richtung der Fußgängerzonen-Umfragen-Opfer im kostenlosen Wochenblatt. Diese materialistischen (und, nebenbei bemerkt, als Mutter völlig ungeeigneten) Zicken bemerken früher oder später die verstohlenen Blicke der Typen. Kein Wunder, dass die irgendwann alle fremdgehen. Spätestens, wenn sie zum ersten Mal gefragt werden, ob sie vielleicht modeln wollen, kommt ihnen in den Sinn, dass sie vielleicht nicht gar so schäbig aussehen. Auch wenn ihnen das sonst fast nie jemand sagt.

Doch Spaß beiseite: Die Untersuchungen zeigen einmal mehr, dass alles seine Licht- und Schattenseiten hat. Wenn Sie nie von

Männern angesprochen werden und sich darum bislang für eine graue Maus hielten: Das Gegenteil könnte der Fall sein! Ergreifen Sie in Zukunft die Initiative, Sie werden sich wundern!

Und alle nicht so Superschönen brauchen sich nicht zu grämen, denn sie sind diejenigen, die lieber zu Langzeitpartnern gewählt werden, die herzlichere Beziehungen zu Freundinnen haben (und mehr davon) und die als weniger arrogant und bedrohlich eingeschätzt werden.

Was ist nun toller? Entscheiden Sie selbst – und machen Sie das Beste aus allem! Es lohnt sich.

Und Tschüss ...

Es gibt so etwas wie ein natürliches Ende des Flirts (zu den «unnatürlichen» Schluss-Szenarien, der Sache mit den Körben, kommen wir später noch), denn irgendwann ist die schönste Party vorbei, das Museum schließt, der Zug erreicht sein Ziel, und es wird Zeit, sich von dem Mann, mit dem Sie gerade eben noch zum Knieerweichen geflirtet haben, zu verabschieden. Das wirft einige Fragen auf. Soll die Sache mit diesem einmaligen Herumschäkern beendet sein – oder möchte man sein Gegenüber noch einmal wieder sehen? Wie bringt man so etwas dem anderen bei, ohne sich Peinlichkeiten auszusetzen, das Gefühl zu bekommen, sich aufzudrängen oder den anderen zu verletzen? Wer gibt wem seine Kontaktdaten? Und wann meldet man sich? Und möglicherweise stellt sich auch die Frage: Will man sofort mit ihm in die Kiste springen?

Möglichkeit 1: Lebe wohl (auf Nimmerwiedersehen)!

Sie haben, das müssen Sie zugeben, gern geflirtet – aber die Sache ist für Sie mit diesem einen Flirt abgehakt. Weil Sie bereits liiert sind (was Sie im Zwiegespräch mit dem attraktiven Herrn vielleicht geflissentlich verschwiegen haben, um das Prickeln nicht empfindlich zu stören). Oder weil Sie glückliche Single-Frau sind. Vielleicht auch, weil Sie einfach nur die Bestätigung genossen haben, aber an dem Herrn ansonsten nicht weiter interessiert sind. Oder Sie mögen ihn zwar, oberflächlich betrachtet, aber irgendein Bauchgefühl sagt Ihnen, dass es nicht ratsam wäre, näher in Kontakt mit ihm zu kommen. Wie Sie dem Typen das nun klar machen? Am besten gar nicht! Verabschieden Sie sich freundlich («War nett, dich kennen zu lernen»), ohne viele Erklärungen – dazu sind Sie nicht verpflichtet –, und sparen Sie sich Hinweise auf gemeinsame Folgetreffen «zum

Kaffee». Nützt nix, der Mann hat Ihnen schon mit flehentlichem Blick gesagt, dass er Sie gerne wieder sehen möchte? Dann sagen Sie ihm freundlich, aber bestimmt, dass Sie die Sache lieber bei dem einmaligen Treffen belassen wollen. Wenn Sie wollen, fügen Sie hinzu, dass es «verschiedene Gründe» gibt, dass Sie das für ratsam halten, dass Ihnen aber das Gespräch mit ihm sehr viel Spaß bereitet hat. So verpacken Sie die bittere Pille in ein Lob. Und die wird er schlucken (müssen). Eine solche Verabschiedung ist Ihnen zu hart, Sie möchten die Geschichte lieber einfach im Sande verlaufen lassen? Dann tun Sie eben so, als schwebe auch Ihnen ein neuerliches Treffen vor. Haben Sie keine Skrupel, das fällt in die Kategorie «Notlügen». Wichtig: Kommen Sie ihm möglichst zuvor und erbitten Sie seine Kontaktdaten, anstatt in die Verlegenheit zu kommen, ihm die Ihrigen verwehren zu müssen – denn Sie sollten es unbedingt vermeiden, einem Mann, den Sie nicht wieder sehen wollen, Ihre Telefonnummer zu geben. Selbiges wird jener nämlich als gesteigertes Interesse an seiner Person werten und sich entsprechend verhalten. Und ehe Sie sich versehen, haben Sie jeden Tag neue Nachrichten von ihm auf dem Anrufbeantworter. Sagen Sie also freundlich, aber bestimmt: «Gib mir doch einfach deine Handynummer/Mail-Adresse. Dann schick ich dir 'ne Mail/SMS, dann hast du auch alle meine Daten.» Die meisten Männer werden sich (in freudiger Erwartung) darauf einlassen.

Der Kerl, der vor Ihnen steht, gehört aber nicht zu den «meisten Männern». Er beharrt darauf, dass Sie ihm Ihre Nummer geben, und will selber nix rausrücken? Dann ist er vermutlich in festen Händen und erhofft sich von der Bekanntschaft mit Ihnen ein kleines Abenteuer. Verweisen Sie darauf, dass Sie in einer WG wohnen, und erwähnen Sie doch noch Ihren (nicht unbedingt existenten) Freund und/oder geben Sie Ihrem neuen Verehrer die Adresse eines E-Mail-Kontos, das Sie nicht als Ihr Hauptpostfach nutzen. Das können Sie im schlimmsten Fall, wenn der Mann aufdringlich wird, einfach schließen – und die Sache hat sich erledigt. Zur allergrößten Not erfinden Sie eine Nummer – am besten eine völlig abstruse Zahlenkombination, bei der es relativ unwahrscheinlich ist, dass sie existiert. So vermeiden Sie, dass unbeteiligte Telefonanschlussinhaber in die Sache hineingezogen werden.

Möglichkeit 2: Auf Wiedersehen (in Kürze)

Der Mann ist genau Ihr Typ. Das haben Sie beim Flirten nur zu deutlich gemerkt. Ihr Herz rast, und Sie wissen ganz genau: Den wollen Sie wieder sehen. Unglücklicherweise muss er die letzte Bahn noch bekommen – und Sie möchten wenigstens seine E-Mail-Adresse haben. Wenn er nicht von sich aus fragt, ob Sie sich noch einmal zum obligatorischen Kaffee treffen wollen, oder auf anderem Wege den Austausch Ihrer beider Nummern/Adressen/etc. einleitet, müssen Sie wohl oder übel die Initiative ergreifen. Sofern nicht bei beiden Flirtpartnern inzwischen überdeutlich der Blitz eingeschlagen ist (denn dann wird er sowieso wahrscheinlich alles daransetzen, Ihre Nummer zu kriegen, und Sie müssen nur noch im Gegenzug seine erbitten), kann zu offensiv formuliertes Interesse zu diesem Zeitpunkt auch kontraproduktiv wirken und zum Rückzug des Flirtpartners führen. Das mag Ihnen kindisch oder pubertär erscheinen, aber auch jetzt noch gilt der allübergreifende Grundsatz des Flirts: die Unverbindlichkeit – selbst wenn diese Unverbindlichkeit nur vorgetäuscht ist. Personen, die nicht so leicht zu haben sind, erscheinen wert- und reizvoll. Das ist eine der Regeln des Flirtspiels. Trotzdem es ist einfacher, als Sie denken, dem Mann Adresse oder Telefonnummer aus den Hüften zu leiern:

- Vielleicht haben Sie bei Ihrem Flirt ja tolle Insider-Tipps ausgetauscht. Vielleicht wusste er von einer speziellen Tauschbörse im Internet, oder Sie haben ihm von einem gut sortierten CD-Laden in Ihrer Stadt erzählt, oder er hat Ihnen von einer Band berichtet, die er ganz toll findet und die Sie nicht kannten. Beziehen Sie sich nun darauf, um unverbindlich seine Mail-Adresse o. Ä. zu erfragen: «Schreib mir doch schnell mal deine E-Mail auf, dann kann ich dir den Link/die Adresse schicken», oder «Meinst du, du könntest mir die CD von dieser Band mal leihen?» Auch dazu müssen Sie praktischerweise Ihre Adressen austauschen.

- Stellen Sie Ihrerseits die «Kaffee-Frage». Und zwar möglichst beiläufig. Etwa so: «Ich bin ab und zu mal in Berlin und habe dann zwischen meinen Terminen oft ein bisschen Zeit. Vielleicht hast du ja Lust, dann mal mit mir ein Tässchen Kaffee trinken zu gehen?»
- Oder sagen Sie: «Hey, ich hab bald Geburtstag (alternativ: mein Meerschweinchen feiert den Fellwechsel/die Yucca-Palme wird fünf/meine Mitbewohnerin ist verreist) und wollte 'ne Party machen – vielleicht hast du ja Zeit und Lust zu kommen?» Eine Party lässt sich wirklich schnell organisieren …
- Beziehen Sie sich auf irgendetwas, was er erzählt hat. Wenn er Künstler ist, interessieren Sie sich brennend für seine Werke – und brauchen natürlich eine E-Mail-Einladung, wenn mal eine Ausstellung in der Nähe ist. Ist er Musiker, wollen Sie einem Auftritt beiwohnen. Interessiert er sich für Pilze – Sie erinnern sich? –, beantragen Sie eine exklusive Waldführung. Und sammelt er Briefmarken (hoffentlich nicht!), möchten Sie natürlich seine Kollektion sehen … Eins können Sie glauben: Er wird Sie bei aller Unverbindlichkeit richtig verstehen.

Möglichkeit 3: Sie würden ihn am liebsten auf der Stelle …

Bei Ihnen beiden hat Amor ganz offensichtlich schweres Geschütz aufgefahren. Dann können Sie im Grunde überhaupt nichts mehr falsch machen … Nun ja, fast. Jedenfalls wird er Ihnen seine Telefonnummern, Mail-Adressen, ICQ-Codes etc. bereits ungefragt aufs Auge gedrückt haben, und Sie brauchen zumindest diesbezüglich nichts mehr zu tun. Doch nun werden verschiedene andere Fragen relevant:

a) *Sollen Sie mit ihm sofort ins Hotel/nach Hause gehen (zu ihm oder zu Ihnen) und dort tun, was Mann und Frau manchmal zu tun pflegen?*
Die Antwort lautet: Das können Sie selbstverständlich tun, wenn die Hormone ihr Recht fordern. Niemand, der betreffende Herr am allerwenigsten, wird Ihnen da Steine in den Weg legen, sondern vermutlich recht begeistert sein. Aber wie Sie bereits im «Exkurs: Love is in the air» gelesen haben, kann es sein, dass das Interesse des Mannes, des alten Jägers, nach einem intimen Intermezzo schlagartig abflaut (auch wenn er sogar betont, er sei dabei, sich in Sie zu verlieben). Das ist Ihnen wurscht? Dann viel Spaß! Wenn Sie dieses Risiko allerdings nicht eingehen möchten, sagen Sie ihm fürs Erste leise «Servus». In diesem Fall wird Sie aber die folgende Frage beschäftigen:

b) *Wann sollen Sie sich melden?*
Da gibt es verschiedene Möglichkeiten. Eine SMS mit einem netten Text wie «War schön, dich kennen gelernt zu haben» dürfen Sie sofort schicken. Bekenntnisse wie «Ich glaube, ich hab mich in dich verliebt» sollten Sie sich für (sehr viel) später aufheben.
Was das Anrufen betrifft, so sind einige fortschrittliche Männer der Ansicht, dass man da ganz nach seinem Gefühl vorgehen sollte und sich beide Parteien auch schon mal unmittelbar – heißt: am nächsten Tag – melden können. Wenn Sie aber auf Nummer Sicher gehen wollen, rufen Sie am übernächsten Tag an. Das ist genau die richtige Zeitspanne, um den anderen ein klein wenig schmoren zu lassen, ohne dass dessen Interesse inzwischen erlahmt wäre.

c) *Nach welcher Zeit des Nichtmeldens können Sie die Sache ad acta legen?*
Wenn nur er Ihre Nummer/E-Mail-Adresse etc. hat und Sie nach drei Tagen noch nichts von ihm gehört haben, besteht zumindest kein akutes Interesse. Was nicht ausschließt, dass er sich zu einem späteren Zeitpunkt nicht doch noch meldet. Ob Sie von dem

Blödmann dann noch etwas wissen wollen, steht allerdings auf einem anderen Blatt. Sind auch Sie im Besitz seiner Nummer/E-Mail-Adresse etc. kann es sein, dass er ein «Abwarter» ist, der darauf spekuliert, dass Sie sich schon bei ihm melden, um nicht aufdringlich zu wirken. Bitte lesen Sie für diesen Fall noch einmal Punkt b).

Das erste «richtige» Rendezvous Nehmen wir einmal an, er hat sich gemeldet, und alles entwickelt sich überaus erfreulich. Sie verstehen sich auch nach dem Flirt noch prächtig, und bald ist klar, dass Sie sich wieder verabreden werden. Die Frage ist nun: Zu was?

Wunderbar für ein Folge-Rendezvous geeignet:

- Ein Spaziergang. Am besten nicht mitten in der Stadt, sondern irgendwo in der Natur. Sie sind unbeobachtet, haben Gelegenheit, in Ruhe zu plaudern und – bei Bedarf – Händchen zu halten und sich zu küssen. Was will man mehr?
- Gemeinsam Sport machen. Ob Sie zusammen joggen, Badminton oder Tennis spielen, ist ganz egal. Die gemeinsame Aktivität verbindet und lädt Sie beide mit Energie auf. Der weitere Verlauf der Verabredung kann flexibel gestaltet werden. Vielleicht kochen Sie ja anschließend etwas zusammen?
- Der Besuch einer Ausstellung oder eines Museums. Sie haben etwas, worüber Sie sich unterhalten können, und hinterher nehmen Sie dann im Museumscafé (oder vielleicht bei einem von Ihnen daheim) eine Erfrischung ein. Das Ende? Bleibt offen.

Nicht so super:

- Eine Verabredung zum Essen im Restaurant ist möglicherweise verlockend, aber auch sehr förmlich. Da steht immer ein Tisch zwischen Ihnen, Sie müssen auf Ihre Manieren achten … Wenn

Sie gerne ein Restaurant besuchen wollen, gehen Sie – siehe oben – vorher spazieren und/oder in eine Bar. Das lockert die Angelegenheit auf.

- Eine Verabredung zum Kino. Wenn Sie noch nicht so weit sind, dass Sie in der letzten Reihe knutschen, sitzen Sie die ganze Zeit nebeneinander, können nicht miteinander sprechen und sollen sich auf einen Film konzentrieren, der Sie viel weniger interessiert als die Person neben Ihnen. Für spätere Treffen gibt es allerdings nichts Besseres als Kino.
- Auch Verabredungen zu Theateraufführungen oder Kunst-Performances geben Ihnen zu wenig Raum, sich miteinander zu beschäftigen.

Unter Umständen geeignet:

- Die Einladung zum Essen bei Ihnen zu Hause. Schön, aber verbindlich. Wenn Sie einen Mann zu sich nach Hause einladen, geben Sie sehr viel von sich preis. Nicht nur Ihre Kochkünste. Außerdem sollten Sie nur einen Mann zu sich einladen, wenn Sie absolut sicher sind, dass Sie ihm vertrauen können! Das zu entscheiden, wenn Sie sich gerade erst kennen gelernt haben, ist nicht immer einfach. Im Zweifelsfall lassen Sie es lieber!

Die Geister, die ich rief ...

«Wie eine Frau mir am besten klar macht, dass Sie an mir kein Interesse hat? Indem sie einfach sagt: ‹Ich geh dann mal weiter›, oder so ...»
JÜRGEN, 34, MARKETINGFACHMANN

«Sie könnte im Nebensatz ihren Freund erwähnen.»
RUPERT, 35, FOTOGRAF

«Sie sollte es mir ehrlich, freundlich und bestimmt sagen – sonst komme ich noch auf die Idee, dass ein ‹Nein› lediglich ein hinausgezögertes ‹Ja› bedeutet – was ja ab und zu auch der Fall ist.»
MIRO, 24, STUDENT

«Herr, die Not ist groß. Die ich rief, die Geister, werd' ich nun nicht los», beschwerte sich schon Goethes Zauberlehrling. Auch beim Flirten kann es Ihnen passieren, dass Sie einen Mann, der Ihnen zunächst attraktiv erschien und den Sie gern kennen lernen wollten, schnell wieder loswerden möchten, wenn Sie ihn denn tatsächlich kennen gelernt haben. Weil er sich bei näherer Betrachtung als Langweiler oder Dummschwätzer entpuppt. Oder unerträglichen Mund- oder Schweißgeruch verströmt. Jedenfalls wollen Sie sich mit dem Herrn nicht weiter auseinander setzen. Ergo sollten Sie ihm einen Korb geben. Die Frage ist nur, wie? Gerade sehr höfliche Frauen haben oft Sorge, jemanden vor den Kopf zu stoßen, und finden sich dann plötzlich inmitten einer derart unerträglichen Situation wieder, dass man eigentlich schon *Amnesty International* informieren müsste. Das muss nun wirklich nicht sein!

Abblitz-Methode «Man sieht sich ...»

Diese Methode ist besonders dann das Mittel der Wahl, wenn Sie und Ihr Flirtpartner sich an einem öffentlichen Ort wie einem Museum oder einer Disco beziehungsweise auf einer Veranstaltung wie einer Party getroffen haben. Sie haben sich ein wenig unterhalten, verhalten geflirtet, aber irgendwann beginnt die Sache (oder der Mann), Sie zu langweilen. Sie haben nun die Wahl:

- Sie befolgen – siehe oben – Jürgens Rat und sagen schlicht: «Ich geh dann mal weiter. Man sieht sich ...» Und dann gehen Sie. Niemand wird Ihnen einen Vorwurf machen können.
- Sie sehen auf die Uhr und rufen aus: «Mein Gott, so spät schon. Jetzt muss ich aber wirklich los.»
- Sie sagen, dass Sie mal nach Ihrer Freundin/ Ihrem Freund/Ihrem Bruder sehen müssten, mit der/dem Sie unterwegs seien. Er/sie sei bestimmt bereits stocksauer, dass Sie sich so lange mit jemand anderem beschäftigen.
- Sie winken ins Nichts hinter dem Rücken des Herrn und behaupten, dass Ihnen Ihre Freundin, mit der Sie unterwegs sind (vielleicht auch nur: angeblich unterwegs sind), ein Zeichen gegeben habe. Sie müssten mal nachsehen, was sie wolle.
- Dumm ist es nur, wenn Sie sich gerade im Zug von, sagen wir, Mailand nach München befinden und Sie mit dem Herrn in einem Abteil sitzen. Dann bleibt Ihnen aber immerhin noch die Flucht ins Zugrestaurant – oder in den Schlaf.

Abblitz-Methode «Schnell und schmerzlos»

Diese Art und Weise, einen Korb zu geben, fällt in die Kategorie «Notlügen», anzuwenden in Härtefällen. Etwa, wenn er auf Ihre Ausreden der «Man-sieht-sich»-Methode erwidert: «Och, da komm ich doch glatt mit.» (Es gibt eine Menge solcher Typen, die einen Zaunpfahl nicht mal bemerken würden, wenn man ihnen damit auf den Kopf haut.) Oder nehmen wir einmal an, Sie haben mit einem

Mann, der Sie an den jungen Marlon Brando erinnert, ein paar viel versprechende Blicke getauscht. Und nun gehen Sie auf ihn zu. Je näher Sie ihm kommen, umso mehr verfluchen Sie die Tatsache, dass Sie auf das Einsetzen Ihrer Kontaktlinsen verzichtet haben: Das Lächeln des Doch-nicht-Brandos ist so gelb wie die Wände im Raucherraum Ihrer Firma, der Dreck unter den langen Fingernägeln macht Sie auch nicht gerade an, und die Tennissocken in den Bommel-Slippern zeugen nicht unbedingt von Stilsicherheit. Und dann stehen Sie da. Würden sich am liebsten auf dem Absatz umdrehen und flüchten. Das sollten Sie natürlich tun, aber besonders höflich wäre das nicht gerade, um nicht zu sagen: Es wäre extrem verletzend. Wollen Sie das vermeiden, haben Sie mehrere Möglichkeiten:

- Sobald Sie ihn erreicht haben, lächeln Sie ihn erstaunt an und behaupten: «Och, du bist ja gar nicht der Lars, da hab ich dich doch glatt verwechselt. Du siehst einem Freund von mir total ähnlich. Na, dann …» Und jetzt nehmen Sie die Beine in die Hand und sehen Sie zu, dass Sie Land gewinnen, bevor Herr Gelbzahn noch auf die Idee kommt, dass man sich ja trotzdem ein bisschen unterhalten könnte …
- Sie beißen erst mal in den sauren Apfel und beginnen ein Gespräch mit ihm. Das muss aber nicht lange dauern. Machen Sie ein bisschen Smalltalk, brechen Sie dann mitten im Satz ab und flüstern Sie: «Auweia!» Beginnen Sie, mit ein wenig Panik im Blick Ihre Hand- oder Hosentasche nach dem Autoschlüssel abzusuchen. Er wird nun – so sicher wie das Amen in der Kirche – fragen: «Was ist denn los?» Jetzt kommt Ihre Notlüge. Wählen Sie aus: «Ich habe den Herd angelassen.»/«Meine Schwester wollte heute kommen, das habe ich völlig vergessen, die steht jetzt sicher schon vor der Tür.»/«Ich hab einen Termin beim Zahnarzt.»/«Ich hab vergessen, die Terrassentür zu schließen.» und so weiter. Eins ist jedenfalls sonnenklar: Sie müssen weg. Sofort.
- Sie tun so, als würden Sie angerufen (dass Ihr Handy nicht klin-

gelt, ist dabei ganz egal, er wird annehmen, dass Sie es auf Vibrationsalarm gestellt haben.). Angeblich am Apparat, je nach Tageszeit: a) Ihr Vermieter, der Ihnen mitteilt, bei Ihnen brenne es oder es gebe einen Wasserrohrbruch. Oder b) Ihr Chef, der Sie in einer «wichtigen Angelegenheit» persönlich sprechen möchte – Sie müssen das nicht näher ausführen, das geht den Mann überhaupt nichts an.

- Sie halten sich die Wange und behaupten, Ihnen sei ein Stück vom Zahn abgebrochen oder ein Inlay sei herausgefallen. Verschwinden Sie schnell zur Toilette, kommen Sie zurück, erklären Sie, dass sich Ihr Verdacht bestätigt hat und Sie nun leider sofort zum Zahnarztnotdienst müssen. Und weg sind Sie!

Abblitz-Methode «Sanft und sicher»

Sie sind bereits eine gute Weile ins Gespräch mit einem Mann verstrickt, den Sie zwar ganz nett finden, dem Sie aber nun gerne langsam klar machen möchten, dass er sich nicht zu viel von der Bekanntschaft mit Ihnen erhoffen soll. Sie haben nämlich inzwischen so viele Informationen über den Mann gesammelt, dass Sie sehr genau wissen, von diesem Typen nicht mehr zu wollen. Weder ein ausgegebenes Getränk noch einen Kuss oder eines der anderen Dinge, die Sie sich mit *ihm* lieber gar nicht erst vorstellen mögen. Nun können Sie versuchen, ihn mit einer der Notlügen aus dem vorhergehenden Abschnitt loszuwerden. Was ist nun aber, wenn Sie den Mann grundsätzlich sehr sympathisch finden und Sie sich eine platonische Freundschaft mit ihm vorstellen könnten (ob das funktionieren kann, sei jetzt mal dahingestellt, Sie kennen doch sicher den Film «Harry und Sally»)? Oder wenn Sie sich (ein bisschen Opportunismus ist schließlich ab und zu mal erlaubt) einen anderen Vorteil von der Bekanntschaft mit ihm erhoffen? Vielleicht ist er ja Rechtsanwalt oder vielleicht Computerfachmann – von solchen Leuten kann man schließlich nie genug kennen. Wie auch immer, Sie möchten ihn auf gar keinen Fall vor den Kopf stoßen mit Ihrer

Abfuhr. Nichtsdestoweniger soll er Sie nicht missverstehen. Auch hier haben Sie mehrere Möglichkeiten:

- Sie erwähnen, wie von Rupert – siehe oben – empfohlen, im Nebensatz Ihren Partner. Vielleicht erwidern Sie auf eine Bemerkung von ihm: «Ja, das sagt mein Freund/Mann auch immer.»
- Wenn Sie besonders charmant sein wollen, machen Sie ihm einfach klar, dass er durchaus als Mann Ihrer Wahl in Betracht käme, gäbe es nicht diesen entscheidenden Haken: den, dass Sie bereits liiert sind. Das können Sie ihm ruhig ohne Umschweife sagen: «Wenn ich nicht sehr glücklich mit Klaus-Peter/Jens/ Waldemar zusammen wäre, würde ich dich jetzt sicher fragen, ob du mit mir morgen einen Kaffee trinken gehst.» Das ist besonders dann raffiniert, wenn Sie sich tatsächlich nochmal gern mit dem Mann treffen möchten, allerdings weiterhin in aller Unverbindlichkeit, um ihn weiter ein bisschen zu «testen». Denn nach Ihrer Äußerung werden schätzungsweise sieben von zehn Männern tatsächlich vorschlagen: «Aber wir können uns doch trotzdem zum Kaffee treffen, einfach nur zum Quatschen.»
- Wenn Sie sich verabschieden, lassen Sie sich von ihm Telefonnummer oder E-Mail-Adresse geben – für alle Fälle. Ihre eigenen Kontaktdaten geben Sie allerdings nicht heraus; sagen Sie einfach: «Ich melde mich bei dir!»

Abblitz-Methode «Holzhammer»

Sie haben alle Mittel ausgeschöpft, Ihrem einmal gerufenen Geist auf höfliche Art und Weise klar zu machen, dass Sie Ihre gemeinsame Zeit für beendet halten. Sie haben beispielsweise mehrfach erwähnt, wie unglaublich glücklich Sie verliebt, verlobt, verheiratet sind. Sie haben Fotos vom Pärchenurlaub aus dem Portemonnaie gepult und Ihr Valentinstagsgeschenk in aller Ausführlichkeit beschrieben. Ohne Erfolg: Der Typ weicht Ihnen nicht von der Seite. Wenn alles nichts nützt, muss auch die Höflichkeit einmal ein Ende haben, penetrantes Auf-der-Pelle-Hängen ist nun mal auch nicht gerade die feine Art. Da gibt's nur eins:

- Sagen Sie ihm klipp und klar: «Ich würde jetzt gern wieder alleine sein und wäre dir dankbar, wenn du das akzeptierst.» Anschließend drehen Sie sich um, entfernen sich rasch – und überlassen Ihr Anhängsel seinem weiteren Schicksal.

Ein Korb für die Dame?

Nein, einen Korb von einem Mann zu bekommen ist kein schönes Gefühl, sofern es sich nicht um den gewonnenen Fresskorb bei einer Misswahl oder ähnlichen Anlässen handelt. Schlimm, wenn man sich endlich ein Herz gefasst und den Mann der Träume angesprochen hat – doch der wendet sich sofort wieder ab oder scheint plötzlich, mitten im Gespräch, das Interesse zu verlieren. Häufig wird Ihnen das allerdings nicht passieren: Forscher, die männliches und weibliches Flirtverhalten beobachtet haben, fanden, es sei ein letztes Mal erwähnt, heraus, dass Männer Frauen selten eine Abfuhr erteilen. Und wenn sie es trotzdem tun, haben sie meistens einen sehr triftigen Grund, oder der Korb ist nur vermeintlich ein solcher. Dann sind die Herren zum Beispiel …

… besetzt, und die offizielle Herzdame des Buben hat sich soeben gefährlich genähert oder vernichtende Blicke geworfen. Folge: Der junge Mann fühlt sich beim Flirt mit Ihnen ertappt und fährt sein (insbesondere nonverbales) Flirtverhalten auf ein neutrales Level zurück. Wahrscheinlich verabschiedet er sich bald mit Worten wie: «Da ist eben meine Freundin gekommen, die guckt schon ganz böse» oder «War schön, mit dir zu sprechen, man sieht sich vielleicht mal wieder/ später noch». Seien Sie ihm nicht böse, sein Interesse an Ihnen war sicher ehrlich, aber er möchte nun mal keine Szene gemacht bekommen (zur Erinnerung: Männer fürchten Szenen wie Frauen Vogelspinnen und Vampire den Knoblauch).

... BEFANGEN Schüchterne Männer lassen sich, wie der Name schon sagt, sehr leicht von attraktiven Frauen einschüchtern. Wenn ein Vertreter dieser Sorte nur den leisesten Zweifel daran hat, dass Sie wahres Interesse an ihm haben könnten, flüchtet er. Aus Angst, Sie ansonsten zu belästigen. Das ist natürlich reizend, mitunter aber auch etwas anstrengend, weil diese Jungs einem ständig durch die Lappen zu gehen drohen. Ob Sie beim Flirten einen extrem introvertierten Mann «erwischt» haben, erkennen Sie vorwiegend an Anzeichen wie dem häufigen Rotwerden, nervösen Herumzappeln, Stottern und plötzlichen Wortfindungsstörungen, wenn er spricht, während Sie ihn ansehen. Wenn dieser Mann sich ängstlich zurückziehen will, lassen Sie ihn bitte nicht gehen. Spendieren Sie ihm einen Drink, schlagen Sie ihm vor zu tanzen, lassen Sie sich was einfallen. Wahrscheinlich wird er sich bekleckern und über seine eigenen Füße stolpern, aber vor allem wird er eines sein: dankbar!

... BETRUNKEN Wenn Sie ein Mann nur glasig ansieht, nachdem Sie ihn angesprochen haben, oder mitten im Gespräch vom Hocker rutscht und verschwindet, gibt es dafür meist einen sehr plausiblen Grund: Der Mann hat zu tief ins Glas geschaut. Oder andere Drogen genommen. Ein wirklicher Korb ist das nicht – aber wirklich anfangen können Sie mit dem Kerl auch erst mal nichts. Verabschieden Sie sich besser Ihrerseits und suchen Sie nach lohnenderen Zielen.

... BESCHEUERT Er kapiert nichts, vor allem nicht, dass Sie die tollste Frau sind, die ihm im Moment begegnen kann? Lässt einen hohlen Spruch nach dem nächsten ab und wirkt dabei unglaublich gelangweilt? Dem Mann ist nicht zu helfen, lassen Sie ihn stehen.

Wen hätten's denn gern? – Eine kleine Flirttypologie

Psychologen haben inzwischen herausgefunden, dass die erste Einschätzung, die über Sympathie oder Nicht-Sympathie entscheidet, zuverlässiger ist, als wir glauben (wollen): Es gibt so etwas wie Sympathie auf den ersten Blick (von Liebe möchten wir hier lieber nicht sprechen). Paare, die sich bereits im ersten Moment «irgendwie mochten», leben in der Regel in strapazierfähigeren Partnerschaften als solche, die sich zunächst nicht «grün» waren und erst später zusammenfanden. Es gibt keine zweite Chance für einen ersten Eindruck – diese Redensart gilt auch hier. Das gilt für uns selbst und natürlich auch für die Herren der Schöpfung.

Die folgende kleine Männer-Typologie beschäftigt sich mit den ersten Eindrücken, die die Jungs vermitteln, und enthüllt, was sich – *möglicherweise* – dahinter verbergen *könnte*. Doch Achtung, wie immer gilt: Keine Regel ohne Ausnahme! Nehmen Sie darum die kurzen Typisierungen nicht ganz so bierernst und freuen Sie sich, wenn Sie den ein oder anderen Kauz wieder erkennen. Viel Vergnügen dabei!

Was die Kleidung über einen Mann verrät (und was nicht)

Der Anzugträger Mit dem Anzug ist es so eine Sache. Viele Männer lieben ihn. Kein Wunder, macht ein gut geschnittener Anzug doch das Beste aus seinem Träger: Bierbäuche werden kaschiert, schmale Schultern verbreitert, eine schlechte Körperhaltung optisch ausgeglichen, dünne Beinchen fallen nicht ins Auge, und über einen untrainierten Po fällt gnädig das Jackett. Das bedeutet für Sie: Ziehen Sie einfach ein paar Punkte in der A-Note für die «äußere Erscheinung» ab, dann wissen Sie, wie der Mann wirklich aussieht.

Außerdem ist Anzug natürlich nicht gleich Anzug. Es kommt zunächst einmal ganz wesentlich darauf an, wo und wann Sie den Anzugträger treffen. Wenn es sich um den netten jungen Mann hinter dem Bankschalter handelt, sagt das relativ wenig über seine Person aus, denn im Allgemeinen wird er keine Wahl haben, als sich dem Anzug-Dresscode seines Arbeitgebers zu beugen. Auch in der Oper, bei einer Preisverleihung oder einer Hochzeit hat ein Anzug eher die Funktion einer Uniform, und allein das Faktum «Mann im Anzug» gibt Ihnen darum wenige Anhaltspunkte, was für ein Mann Sie hinter dem Einreiher erwartet. Trotzdem dürfen Sie eine erste Zielobjekt-Analyse durchführen. Grob eingeteilt, gibt es drei Hauptanzugtypen unter den Männern:

1.) **Der Anzugträger aus Zwang** Orientieren Sie sich bei offiziellen Anlässen mit Anzugpflicht daran, *wie* ein Mann seinen Anzug trägt und um *was* für einen Anzug es sich handelt: Haben Sie den Eindruck, das Textil sitzt hinten und vorne nicht und wurde zuletzt bei der eigenen Konfirmation getragen? Zupft er außerdem ständig an sich herum, rüttelt an Schlips oder Fliege und möchte augenscheinlich so schnell wie möglich das unbequeme Zeug loswerden? Wenn er dann auch noch Sneakers zum Anzug trägt, handelt es sich um Cherno Jobatey, Samson aus der Sesamstraße oder aber einfach um jemanden, der nicht auf solche Veranstaltungen vorbereitet ist – in den meisten Fällen sind solche Männer noch recht jung und gehören eigentlich in eine der anderen Kategorien (siehe unten).

Gebrauchsanleitung: Kontakt können Sie zu diesen Exemplaren am besten aufnehmen, indem Sie signalisieren, dass Sie eine Leidensgenossin sind: «Schrecklich, warum muss man sich bei solchen Anlässen eigentlich immer in so unbequeme Klamotten zwängen? Meine Pumps sind ein reines Folterinstrument, Turnschuhe wären mir entschieden lieber. Ach übrigens, möchtest du vielleicht auch noch was trinken?»

2.) Der Anzugträger aus Leidenschaft Einen echten Anzugliebhaber haben Sie ziemlich sicher vor sich, wenn er Ihnen mitten in der Nacht in einer x-beliebigen Diskothek begegnet, in der der Rest der Leute in der gerade angesagten Mode herumhüpft. Oder auch, wenn er mitten am Tag zur Vorlesung so aufkreuzt – nun ja, es sei denn, es handelt sich um Studiengänge wie BWL oder Jura, wo ein Anzug an manchen Universitäten fast schon wieder Pflicht ist. Je jünger der freiwillige Anzugträger, desto eher wird er den Anzug dazu nutzen, sich vom Gros der Jeans-und-T-Shirt-Kollegen (siehe dort) abzusetzen. Das Textil wird so zum modischen Gimmick und zum Instrument der Selbstdarstellung, weil es in dieser Altersgruppe extrem auffällt. Dargestellt werden sollen: guter Geschmack, Coolness und Mut zum Herausstechen aus der Masse. Hier erwartet Sie wahrscheinlich ein Mann mit hoher Flirtbereitschaft, der möglicherweise zur Selbstinszenierung und manchmal auch zur Arroganz neigt. Achten Sie in jedem Fall auf das Schuhwerk zum Anzug! Je gepflegter und edler es wirkt, etwa, wenn schottische Brogues gewählt wurden, die auch noch auf Hochglanz poliert sind, umso eher haben Sie es mit einem wirklichen Anzugfreund zu tun. Sneakers oder Sandalen verweisen hingegen (siehe oben) oft auf das Gegenteil. Ausnahme: Der Anzug ist besonders schrill – vielleicht aus Samt oder knallfarben – oder besonders nobel, und der Träger wirkt darin enorm selbstsicher. Dann sind mit hoher Wahrscheinlichkeit auch «unpassende» Schuhe mit Bedacht ausgewählt, und Sie haben es mit einem Kerl zu tun, der sich seiner Wirkung – auch auf Frauen – bewusst ist.

Gebrauchsanleitung: Besonders junge Anzugfans, Träger sehr nobler Anzüge sowie Männer in stark auffallenden Mehrteilern im Thomas-Gottschalk-Stil nutzen ihr Outfit, wie bereits erwähnt, zur Selbstdarstellung. Sie werden in der Regel gern für ihre Erscheinung bewundert und reagieren äußerst positiv auf diesbezügliche

Komplimente. Wollen Sie bei einem solchen Mann einen Stein im Brett fest installieren, bewundern Sie seinen Mut: «Ich finde es total klasse, dass du nicht so rumläufst wie alle anderen», und Sie haben schon halb gewonnen. Auch gut: ein Kompliment für seine Stil-Sicherheit.

3.) Der Anzugträger aus Mangel an Ideen Etwas anders liegt der Fall oft bereits bei wenig älteren Männern mit soliden Durchschnittsanzügen: Ist ein ganz normaler Anzug bei Leuten um die zwanzig noch die große Ausnahme und Garant für Aufsehen, ist ein Anzug für Männer ab etwa dreißig das Kleidungsstück, mit dem sie am wenigsten falsch machen können. Männer ab diesem Alter fallen in einem Anzug nämlich nicht auf, zumindest nicht aufgrund ihrer Kleidung. Durch die «Uniform» geben sie wenig von sich preis. Was im Umkehrschluss nicht unbedingt bedeutet, dass sie etwas verbergen möchten. Es kann genauso gut sein, dass sie den Anzug schätzen, weil sie sich dadurch nur wenig Gedanken über ihre Garderobe machen müssen. Heißt: Sie haben es vermutlich mit einem unprätentiösen Menschen zu tun, der vielleicht aber auch ein bisschen unsicher ist.

Gebrauchsanleitung: «Ältere» Träger stinknormaler Anzüge sind oft schüchtern und legen nicht allzu viel Wert auf (ihr eigenes) Äußeres. Sie freuen sich, wenn ihre inneren Werte Beachtung finden, etwa ihre Intelligenz oder ihr Können auf einem bestimmten Gebiet. Solche Jungs sind oft extrem dankbar, wenn Sie ihnen den ersten Schritt abnehmen. Achtung: Sobald der normale Anzug mit extravaganten Details kombiniert ist – etwa einem Ohrring, einer ungewöhnlichen Kette, einer Frisur weitab vom Mainstream oder einem Nasenpiercing –, haben Sie vermutlich einen Mann vor sich, der nur im Moment gezwungen ist, Anzug zu tragen, und in seiner Freizeit komplett anders herumläuft. Für diese Männer gilt eine der anderen Typologien. Welche? Das können Sie eigentlich nur herausfinden, wenn Sie dem Probanden in seinem Freizeit-Outfit begegnen.

Doch kommen wir nun weg von den Anzügen, hin zu den gängigen Freizeit-Outfits …

Der Spezialist Er fällt aus dem Rahmen des «Normalen». Spezialisten gibt es in vielen Ausprägungen: Sie laufen vielleicht als Cowboy herum mit Western-Stiefeln, gefranster Lederhose und John-Wayne-Hut. Oder als schwarz gewandeter Neo-New-Waver mit Kajal um die Augen und einer Frisur, in der sich mindestens der Inhalt einer Familiendose Haarspray befindet. Der Hardcore-Hip-Hopper hat seine Hose in den Kniekehlen hängen, trägt ein überdimensioniertes T-Shirt und vielleicht ein Goldkettchen, und der Reggae-Fan führt natürlich eine Bob-Marley-Frisur spazieren. Spezialisten bewegen sich hauptsächlich innerhalb einer bestimmten Gruppe, die eine gewisse Kleider- oder Frisurenordnung vorgibt. Über ihr Styling demonstrieren sie ihre Zugehörigkeit zur «Szene», die meist auch nur ganz spezielle Musik hört. Auf ihre Szene sind die Spezialisten stolz, das ist ganz wichtig im Umgang mit ihnen. Spezialisten sind sehr häufig recht jung.

Gebrauchsanleitung: Wenn Sie der gleichen Szene angehören, ist eine Annäherung normalerweise problemlos, weil Sie über das Äußere sofort einen fetten Sympathiebonus einfahren können. Ähnliche Kleidung, das haben Sozialwissenschaftler festgestellt, sorgt immer für eine positivere Grundeinstellung, selbst vollkommen Fremden gegenüber. Sind Sie aber als Nicht-Spezialistin an einem Mann interessiert, der ganz offensichtlich einer speziellen Gruppe angehört, ist Vorsicht geboten: Nähern Sie sich ihm niemals wie einem fremdartigen Insekt! Eine unvorsichtige Bemerkung über sein «interessantes T-Shirt» – und Sie katapultieren sich zuverlässig ins Aus, weil Sie in die gleiche Kategorie fallen wie die Uroma, die sich über die «unordentlichen Haare» des Urenkels äußert. Am besten machen Sie das Äußere gar nicht zum Thema, sondern versuchen, durch das Styling hindurchzusehen. Sehen Sie ihm einfach in die Augen.

DER MAINSTREAM-MODISCHE (TYP I) Der Mainstream-Modische (Typ I) kauft seine Klamotten dort, wo sie alle kaufen: beim schwedischen Modediscounter etwa oder bei einer der Trendketten, die in jeder Kleinstadt-Fußgängerzone zu finden sind. Das bedeutet nicht, dass es ihm egal ist, mit welchen Textilien er sich behängt, im Gegenteil. Er macht sich normalerweise schon den ein oder anderen Gedanken darüber, was er anzieht, und zwar dahin gehend, dass er auf keinen Fall negativ auffallen will – und zwar niemandem, auch nicht seiner siebzigjährigen Patentante oder dem spießigen Bilanzbuchhalter seiner Firma. Im Regelfall hat das zur Folge, dass er gar nicht auffällt, weder positiv noch sonst irgendwie. Stattdessen wirkt er stromlinienförmig und austauschbar. Nie würde er sich trauen, die aktuelle David-Beckham-Coiffure zu tragen. Er wagt sich höchstens drei Monate später an die Frisur, wenn sie bei jedem zweiten seiner Art auf dem Kopf zu finden ist und Beckham selbst längst mehrere Stylings weiter ist. Der Mainstream-Modische (Typ I) hat Angst vor seiner eigenen Meinung, hört Musik aus den Charts und ist nie dagegen – es sei denn, alle anderen sind das auch.

Das klingt zwar alles erst mal negativ, aber im Grunde seines Herzens handelt es sich fast immer um einen unsicheren Typen, die männliche Entsprechung eines Mauerblümchens. Und eigentlich möchte er nur eines: geliebt werden.

GEBRAUCHSANLEITUNG: Der Mainstream-Modische (Typ I) ist oft extrem leicht zu verunsichern. Frauen, die selbstbewusst sind, faszinieren ihn und jagen ihm gleichzeitig Angst ein. Es ist zwar sehr unwahrscheinlich, dass sich eine Frau, die in jeder Hinsicht weiß, was sie will, in einen dieser Jungs verguckt. Falls es trotzdem passiert, sollte sie ihn auf keinen Fall mit einer frechen Bemerkung provozieren, dafür hat er keinen Sinn und wird entsprechend mit Unverständnis oder gar Aggression reagieren.

Leichtes Spiel haben hingegen Frauen, die äußerlich weder zu Extravaganzen neigen noch altbacken wirken. Vor diesen Mädels hat er keinen Bammel. Am ehesten gefällt es ihm, wenn ihm nach dem Mund geredet wird. Plappern Sie – in leicht modifizierter Form –

nach, was er erzählt, und er wird sich für Sie begeistern, denn Sie bestätigen ihn in seiner Weltsicht.

Der Mainstream-Modische (Typ II) Es gibt auch noch eine zweite Sorte Mainstream-modischer Männer, die allein aus praktischen Gründen so aussehen, wie sie aussehen. Mode ist dem Mainstream-Modischen vom Typ II tatsächlich egal, um nicht zu sagen: Sie geht ihm am Allerwertesten vorbei. Kleidung erfüllt für ihn im Grunde nur zwei wichtige Zwecke: Sie bedeckt Körperzonen, die er nicht öffentlich zeigen möchte – und sie wärmt. Das wär's. Der Mainstream-Modische (Typ II) kauft das, was im Angebot oder bequem zu bekommen ist, und das ist nun mal das, was in den Fußgängerzonen auf den Ständern hängt. Zu teuer dürfen seine Klamotten selbstverständlich auch nicht sein, und ein neutral wirkendes Teil kauft er durchaus auch mal bei Aldi. Auf dem Kopf trägt er das, was ihm sein Friseur empfiehlt, und falls der der Meinung ist, mit einer Beckham-Frisur könne man nichts falsch machen, landet dieses Styling auf dem Kopf des Kunden. Dieser Typ Mann hat in anderen Belangen durchaus seinen eigenen Kopf. Häufig arbeitet er in Berufen, die einen hohen geistigen Anspruch haben, etwa als Wissenschaftler. Auch möglich: Er arbeitet in einem therapeutischen Job, einem Pflegeberuf oder vielleicht auch als Pfarrer. In einer Profession eben, in der Kleidung wirklich die allerletzte Nebensache ist.

Gebrauchsanleitung: Kommen Sie diesem Typ Mann bloß nicht mit anerkennenden Bemerkungen über sein Äußeres, er wird Sie für eine oberflächliche Tussi halten. Das Beste ist, Sie unterhalten sich mit ihm über politische, soziale oder kulturelle Themen, da hat er eine Meinung zu, und zwar im Normalfall eine kluge und differenzierte. Oh, er glaubt, Sie sprechen über Fußballspieler, wenn Sie Namen wie «Paul Auster» oder «Oscar Wilde» in den Mund nehmen? Dann ist er vielleicht doch eher ein Mainstream-Modischer Typ I.

Der Jeans-und-T-Shirt-Liebhaber Männer, die in Jeans und T-Shirt herumlaufen, sind meistens unkompliziert und oft sehr sportlich. Herren dieses Typs finden Jeans und T-Shirts – oft mit Aufdrucken von irgendwelchen Handballturnieren oder Sommer-Fußball-Camps – einfach bequem und praktisch und möchten sich nicht so viele Gedanken darüber machen müssen, was sie anziehen. Zum Look werden bunte Windjacken, Rucksäcke und Turnschuhe kombiniert. Letztere selbstverständlich niemals aus dem mit Minimal-Electro beschallten Fashion-Store, sondern aus dem stinknormalen Sportgeschäft. Funktion ist Trumpf, nicht der letzte Schrei aus London. Die Jungs im Basketballverein tragen doch die gleichen Sachen, was soll also falsch daran sein? Im Grunde sind Jeans und T-Shirt natürlich auch so eine Art Uniform. Man(n) fällt damit nicht auf (es sei denn, durch einen knackigen Po oder sich über moderat trainierten Oberarmen spannende Ärmel) und wirkt immer ein bisschen (berufs)jugendlich. Männer in Jeans und T-Shirt sind mehr als andere Männer im tiefsten Inneren noch kleine Jungs: verspielt und oft recht zutraulich.

Gebrauchsanleitung: Lachen Sie ihn einfach an. Wenn Sie sich trauen, fragen Sie ihn, ob er am nächsten Wochenende mit Ihnen segeln gehen möchte. Oder schlagen Sie ein Badminton-Match vor. Oder laden Sie ihn zum Spiele-Abend bei Ihnen ein, am besten zu Strategiespielen wie «Siedler von Catan» oder «Carcassone». Strategie kennt der Jeans-und-T-Shirt-Typ aus dem Sportverein, das ist seine Welt. Allerdings nicht, was Frauen betrifft. Hier ist er unkompliziert und geradeheraus. Übrigens: Frauen, die er «aufgetakelt» findet – das sind leider ziemlich viele –, haben bei ihm schlechte Karten. Am besten kommen ungeschminkte Pferdeschwanzfrauen bei ihm an. In Jeans und T-Shirt, wie sich das gehört.

Der echte Trendsetter Der echte Trendsetter ist nie der Mann, der irgendeine David-Beckham-Frisur nachmacht. Es ist David Beckham selbst. Zum Beispiel. Will sagen: Wenn Sie einem Mann begegnen, der seltsame Klamotten und Frisuren trägt, die Sie in dieser Kombination noch nie irgendwo gesehen haben, könnten Sie einen echten Trendsetter vor sich haben. Der echte Trendsetter ist derjenige, nach dem die Trend-Scouts dieser Welt Ausschau halten, um seinen Look aufgeregt an die Trendbüros in Paris, New York und Hamburg zu rapportieren. Damit Dieter Durchschnitt sie ein Jahr später nachmachen kann, wenn der Trendsetter sich längst wieder etwas Neues ausgedacht hat. Ob er nun violette Strumpfhosen zu knappen Basketballshorts und Plastik-Westernstiefeln trägt oder blaue Zöpfe mit Schottenkaro-T-Shirts kombiniert – ungewöhnlich ist das, was der Trendsetter am Leibe trägt, in jedem Fall. Er ist meist nicht wesentlich über dreißig, sieht hervorragend aus und hält sich vorwiegend in Metropolen – und dort in angesagten «Locations» – auf. Er ist meist sehr selbstbewusst, dabei aber leider oft ein wenig oberflächlich. Der echte Trendsetter ist manchmal im Fußball-Business, sehr viel häufiger allerdings in der Musikindustrie oder in der Modebranche beschäftigt. Trifft Letzteres zu, ist er unglücklicherweise meist nicht an Frauen interessiert.

GEBRAUCHSANLEITUNG: Tun Sie bloß nicht betont hip, sondern bleiben Sie ganz natürlich. Versuchen Sie nicht, ihn zu provozieren, indem Sie sagen, dass Ihnen das, was er trägt, nicht gefällt. Das ist ihm nämlich vollkommen egal und outet Sie im Handumdrehen als Nicht-Insiderin. Loben Sie stattdessen das Styling und geben Sie zu, dass Sie keine Ahnung von gar nichts haben. Fragen Sie, ob er in der Modebranche arbeitet. Auch wenn nicht: Das wird ihm schmeicheln, und Sie haben gleich einen Gesprächseinstieg: seinen Job.

UND AUSSERDEM: ZWEI SONDERBARE SONDERFÄLLE

DER SWEATSHIRT-IN-DER-HOSE-TYP Der Sweatshirt-in-der-Hose-Typ ist entfernt verwandt mit dem Jeans-und-T-Shirt-Mann, ist dabei allerdings modisch wesentlich auffälliger. Und zwar keineswegs im positiven Sinne, denn in die Hose gestopfte Sweatshirts gehen gar nicht, gingen noch nie und werden auch nie gehen! Dieser Typ Mann kauft selten Kleidung, weil ihm das lästig ist. Aber, so seine Meinung, er hat ja noch die Fledermaus-Ärmel-Blockstreifen-Sweater und maschinengewirkten Papi-Pullis von Anfang der Achtziger, warum dann was Neues besorgen? Die ausgewaschene taillenhohe Hochwasser-Jeans, die er gern mit einem schmalen Gürtel so zusammenschnürt, dass das Sweatshirt über und unter dem Bund unvorteilhafte Wülste formt, lässt er bei Bedarf flicken. Damit ist seine Basisgarderobe am Start. Der Sweatshirt-in-der-Hose-Mann tauchte irgendwann im Zuge der Friedensbewegung aus dem Nichts auf und war bis etwa Mitte der Neunziger in akademischen Umfeldern verbreitet, heute ist er vom Aussterben bedroht, wird aber immer noch ab und an gesichtet – das hat er mit dem Yeti gemein. Irgendwann hat der Sweatshirt-in-der-Hose-Mann mal Maschinenbau oder Elektrotechnik oder Quantenphysik studiert, in jedem Fall einen Studiengang, in dem es entweder keine Frauen gab oder nur Frauen, die eigentlich lieber Jungs geworden wären. Jedenfalls war da niemand, der ihm mal auch nur einen Funken modisches Bewusstsein vermittelt hätte. Die noch in freier Wildbahn anzutreffenden Sweatshirt-in-der-Hose-Typen verdingen sich entweder noch immer an der Uni oder arbeiten in einem Unternehmen unter ihresgleichen. Er interessiert sich für Vögel (die Tiere, ohne «n» am Ende), Astronomie und Briefmarken und ernährt sich in erster Linie von Ravioli aus der Dose.

GEBRAUCHSANLEITUNG: Sie müssen einen Sweatshirt-in-der-Hose-Typ nur einmal nett anlächeln – und sei es aus Mitleid –, und er ist Ihnen verfallen. Fortan wird er Ihnen nicht mehr von der Seite weichen und Ihnen treu sein, bis er tot umfällt, und zwar auch dann, wenn Sie noch nie ein Wort mit ihm gewechselt haben. Sie sollten sich das mit dem Anlächeln also gut überlegen.

Der Infantile Den Infantilen erkennen Sie meist an seinen Schlipsen, auf denen sich Mickymaus, Diddl und Konsorten herumtreiben – die lustigen Gesellen treiben es gerne auch auf der Krawattennadel bunt, ebenso auf seinen Socken. Das mit dem «Treiben» ist zuweilen auch wörtlich zu nehmen. In der Freizeit trägt der Infantile mit Vorliebe T-Shirts, auf denen sich rammelnde Hasen, rammelnde Bären oder auch rammelnde Skelette tummeln. Er hält das für humorvoll und sexy, weil er weder echten Humor besitzt noch eine Ahnung davon hat, was mit dem Begriff «Sex-Appeal» eigentlich gemeint ist.

Seine Unterhose – sollten Sie sie jemals zu Gesicht bekommen, was nicht in jedem Fall zu wünschen ist – wartet gerne mit Garfield auf oder hat diese lustigen Kondom-Täschchen, für jeden Tag eins. Der Infantile liebt Filme wie «Werner – beinhart» und Musik wie Möhres «Das sind nicht zwanzig Zentimeter». Im Urlaub fährt er nach Malle oder nach Bangkok, und er hat schon häufig so genannte Erlebnis-Kneipen von innen gesehen. Gibt er Kontaktanzeigen auf, erkennt man ihn an den Satzfragmenten «alles kann, nichts muss» beziehungsweise «für alles, was Spaß macht». Begrüßungen leitet er mit «Hallöchen», «Hallöle» oder «Hallihallo» ein, Verabschiedungen mit «CiaoCiao» oder «Tschaui». Gerne stellt er seinen Äußerungen ein verbrüderndes «Du» voran, etwa «Du, ich muss los» oder «Du, das nimmt mich jetzt echt mit». Er hat sich das aus den Vorabendserien im Fernsehen abgeschaut.

Gebrauchsanleitung: Der Infantile reißt gerne zotige Witze, und zum Flirten hat er «irre coole Sprüche» drauf, die er in dubiosen Büchern gefunden und auswendig gelernt hat. Lachen Sie darüber, hören Sie ihm zu, wie er stundenlang von seinem neuen Auto erzählt, und er wird Sie für eine Frau mit Geschmack halten. Falls der Dünnbrettbohrer für Ihren Geschmack nicht zu wenig davon besitzt und Sie ihn deshalb recht früh wieder seinem eigenen Schicksal überlassen.

Exkurs: Flirt im Netz

Flirten in den Medien ist modern. Jeder und jede kennt mittlerweile jemanden, der seinen Partner oder zumindest eine heiße Affäre im Internet kennen gelernt hat. Aber jeder und jede kennt auch die Horrorgeschichten: Das Treffen mit dem unerträglichen Volltrottel oder dem zwar eloquenten Mailschreiber, der aber leider ganz und gar nicht dem jeweils präferierten Typ entsprach. Den schlüpfrigen Angeboten im Postfach. Den Spam-Mail-Attacken, wenn man seine E-Mail-Adresse in einem virtuellen Kontakthof hinterlassen hat. Was sollten Sie also beachten, um vor unliebsamen Überraschungen sicher zu sein? Hier helfen Ihnen die 10 Gebote des Internetflirts:

1. Du sollst eine Extra-E-Mail-Adresse benutzen!

Ganz wichtig: Verwenden Sie nie, niemals, never Ihre offizielle E-Mail-Adresse oder gar Ihre Firmen-Mail-Adresse, um sich in Flirtportalen anzumelden. Auch dann nicht, wenn sie zunächst einmal für Interessenten an Ihrem Profil nicht sichtbar ist. Vorteil: Sie können den Account zur Not einfach verwaisen lassen, wenn männliche «Mail-Groupies» nicht kapieren, dass Sie nichts (mehr) von ihnen wollen.

2. Du sollst dein Bild sorgfältig auswählen!

Es mag ja sein, dass Sie ein bestimmtes Bild von sich besonders gelungen finden. Vielleicht das aus dem Griechenland-Urlaub vor sechs Jahren. Schön braun sind Sie da, noch etwas schlanker als jetzt, und die Fältchen um die Augen sind auch noch nicht so ausgeprägt. Oder Sie haben dieses aktuelle Bild, das Sie mit ein bisschen moderner Computer-Technik ein bisschen verschönen wollen: Das Weiß in den Augen und das der Zähne strahlender, die Speckröllchen weg … Halt! Verwerfen Sie den Gedanken bitte sofort wieder. Das Bild, das Sie von sich ins Netz stellen, soll Sie zeigen, so, wie Sie jetzt aussehen. Punkt. Nicht schöner, nicht hässlicher. Oder möchten Sie, dass Ihr Date bei einem Treffen erschrocken das Weite sucht, weil er erwartet hat, eine Art Supermodel zu treffen?

3. Du sollst nicht schwindeln!

Bei den Infos zu Ihrer Person gilt das Gleiche: Bleiben Sie unbedingt bei der Wahrheit. Alles andere ist kontraproduktiv. Heißt: Machen Sie sich nicht jünger oder älter, auch nicht um ein oder zwei Jahre. Geben Sie Ihr richtiges Alter an; bei näherem Kennenlernen ist nichts peinlicher, als plötzlich erklären zu müssen, dass man geschwindelt hat. Das Sprichwort: Wer einmal lügt, dem glaubt man nicht, ist zeitlos.

4. Du sollst nicht aus Höflichkeit endlos mailen!

Der Ehrlichkeitsgrundsatz gilt auch hier. Wenn Sie bald merken, dass ein Mann, mit dem Sie per Flirtportal Kontakt aufgenommen haben, ein Mann ist, der in Ihren Augen in die Kategorie «null und nichtig» fällt, brechen Sie den E-Mail-Kontakt möglichst ab.

Schreiben Sie ihm besser sofort höflich, aber deutlich, dass aus Ihnen beiden wohl nichts wird – alles andere verschwendet Zeit. Auch Ihre eigene!

5. Du sollst das erste Treffen an einem neutralen Ort arrangieren!

Laden Sie einen Unbekannten, auch wenn er in seinen E-Mails noch so sympathisch wirkt, niemals zu sich nach Hause ein. Selbstverständlich sollten Sie auch nicht allein die Wohnung des betreffenden Herrn aufsuchen. Das ist mitunter gefährlich. Aber auch wenn Sie nicht einen «American Psycho» auf dem Sofa sitzen haben, ist es wesentlich schwieriger, jemanden bei Nichtgefallen aus der eigenen Wohnung herauszukomplimentieren, als einfach ein öffentlich zugängliches Lokal zu verlassen. Gut geeignet: Ein Café, das ungefähr in der Mitte zwischen Ihren beiden Wohnorten liegt.

6. Du sollst ein knappes Zeitlimit fürs erste Date setzen!

Sie haben nun also ein aktuelles, unbearbeitetes Foto von sich verwendet, Ihr Alter korrekt angegeben und auch sonst recht wenig geflunkert. Aber wissen Sie, ob Ihr «Date» das Gleiche getan hat? Sie wissen ja: Männer prahlen gern, da sind sie quasi genetisch zu gezwungen (an anderer Stelle haben wir uns ausführlicher mit den Beweggründen befasst). Es kann also gut sein, dass Sie bereits nach fünf Minuten von dem Herrn die Nase voll haben, weil er so gar nicht Ihren Vorstellungen (und seinen Versprechungen) entspricht. Wie blöd, dass Sie nicht nur den Nachmittag im Café, sondern im Vorfeld auch noch gleich einen gemeinsamen Kinobesuch und ein anschließendes Abendessen geplant haben. Eine Stunde, maximal zwei Stunden Zeit reichen allerdings für einen ersten Eindruck, bewahrt Sie vor Notlügen, weil Sie ja ganz offiziell nach der vereinbarten Zeit wegmüssen. Und wenn Sie beide Feuer und Flamme sind? Na, dann lässt sich die Sache immer noch zeitlich nach hinten ausdehnen.

7. Du sollst nicht zu viele Männer «bemailen»!

Verzetteln Sie sich nicht. Das fängt damit an, dass Sie jeden einzelnen Mann individuell anschreiben sollten. Auch wenn die Copy-Paste-Funktion verlockt: Nicht völlig abgestumpfte Herren werden merken, dass die an sie gerichtete «persönliche» Mail eine von vielen nahezu identischen Mails ist, die – mit jeweils abgeändertem Vornamen – an die Konkurrenz gegangen sind. Konzentrieren Sie sich immer nur auf zwei, maximal drei Männer gleichzeitig – zu viele Köche (will sagen: Männer) verderben nicht nur den Brei, sondern auch den Flirt. Das ist online nicht anders als im «echten» Leben.

8. Du sollst deine Telefonnummer und Adresse hüten!

Wenn Sie Ihre Kontaktdaten herausgeben, sollten Sie sich sicher sein. Worüber? Dass es Sie zum Beispiel nicht stört, wenn Ihre neue

Flamme aus dem Netz zu jeder Tages- und Nachtzeit bei Ihnen anruft. Oder dass er gar vor Ihrer Tür kampiert. Um unangenehme Überraschungen zu vermeiden, sollten Sie es sich zum Prinzip machen, nicht nur Ihren Anschluss in der Firma, sondern auch Ihre private Telefonnummer und Ihre genaue Adresse eine Weile zu hüten.

9. Du sollst dir ein Flirtportal suchen, das zu dir passt!

Melden Sie sich nicht im erstbesten Flirtportal an, das Sie finden, sondern nehmen Sie sich Zeit für die Recherche. Klicken Sie sich durch die verschiedenen Angebote, sehen Sie sich die Profile und Bilder an. Sagt Ihnen das Design der Seite zu? Wie finden Sie den Großteil der Leute? Bei Flirtportalen ist es wie im Nachtleben: Jeder Club sieht anders aus und zieht andere Leute an. Ihre Flirtchancen erhöhen sich enorm, wenn Sie sich «wie zu Hause» fühlen – die Wahrscheinlichkeit, Gleichgesinnte zu finden, ist dann wesentlich höher.

10. Du sollst deine Erwartungen runterschrauben!

Sie können davon ausgehen, dass Sie in Flirtportalen wesentlich mehr durchschnittliche Durchschnittstypen kennen lernen als Robbie-Williams-Lookalikes. Das soll nun nicht heißen, dass sich online nur hässliche Entlein herumtreiben – das stimmt ganz sicher nicht –, sondern es ist vielmehr eine statistische Wahrscheinlichkeit. Im Internet gibt es genauso viele hübsche und nicht so hübsche Leute wie im «echten Leben». Allerdings verleitet der «Frosch-Effekt» manchmal zu unberechtigten Erwartungen. Was der «Frosch-Effekt» sein soll? Nun, viele Frauen geben sich der romantischen Hoffnung hin, dass sich hinter all den kurzen Profilen und undeutlichen Fotos der Herren (der Frösche) ganz bestimmt ein wunderschöner Prinz verbirgt, den sie nur küssen (anmailen) müssen. So was gibt's vielleicht in wenigen Ausnahmefällen, aber rechnen können Sie damit nur im Märchen.

EINE AUSWAHL VON FLIRTPORTALEN:

- www.bildflirt.de
- www.cocktailstunde.de
- www.datingcafe.de
- www.flirtfloor.de
- www.knowone.de
- www.metropolis.de
- www.neu.de
- www.parship.de
- www.single.de
- www.singletreffen.de

Und für den Überblick:
www.singleboersen-vergleich.de – hier werden kostenlos und umfassend Flirtportale und Partnervermittlungen bewertet.

Werden Sie flirtfit!

Flirten ist, das haben Sie in diesem Buch gelesen, eine Lebenseinstellung. Und zwar eine, die jeden Tag angenehmer macht. Eine, die Sie Abenteuer im Alltag erleben lässt, wo sonst öde Routine die Laune trübt. Eine Lebenseinstellung, mit der Sie nicht nur Männer, sondern vor allem auch neue Freunde gewinnen. Denn wer das Flirt-‹Handwerk› beherrscht, hat das kommunikative Rüstzeug dafür, so ziemlich alle Begegnungen mit anderen Menschen jeden Alters – ob nun Männern oder Frauen – für sich zu entscheiden. Darum: Bleiben Sie am Ball. Flirten Sie, was das Zeug hält. Nicht zuletzt, weil Sie dann flirtfit sind, wenn das Schicksal Ihnen den Mann Ihres Lebens (oder einen der Männer Ihres Lebens) vor die Füße spült. In diesem Sinne: Viel Spaß!

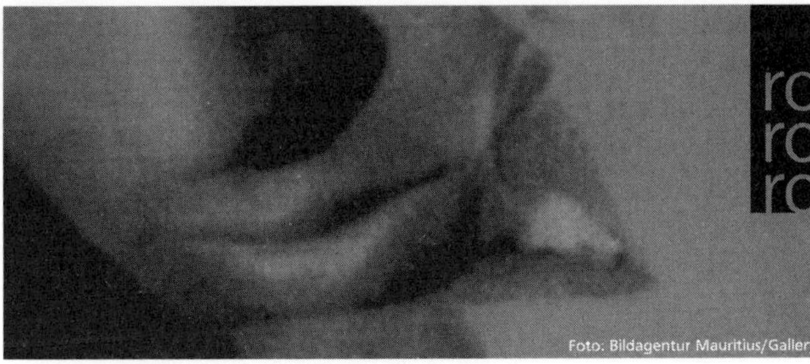

Foto: Bildagentur Mauritius/Gallery

Liebe, Lust & Sex bei rororo

Alles fit im Schritt?
Tipps und Tricks für tote Hosen

Andrea Baldauf/
Stefan Biele (Hg.)
Pure Lust
Sexuelle Phantasien der Deutschen
3-499-60635-6

Nancy Friday
Die sexuellen Phantasien der Frauen
3-499-17376-X

Nancy Friday
Die sexuellen Phantasien der Männer
3-499-17679-3

Kathrin Passig/Ira Strübel
Die Wahl der Qual
Handbuch für Sadomasochisten und solche, die es werden wollen
3-499-60944-4
Neben einer Fülle praktischer und organisatorischer Tipps zu dieser Spielart der Sexualität eröffnen Interviewauszüge und Erfahrungsberichte den individuellen Zugang zum Sadomasochismus.

Anna Maxted
Sex-Tipps für ausgeschlafene Mädchen
Erkennen Sie Ihre Vorlieben und setzen Sie ausgefeilte Massagetechniken, erregende Verbalofferten und raffinierte Oralsex-Varianten am lebenden Objekt ein.

3-499-61303-4

S 41/1

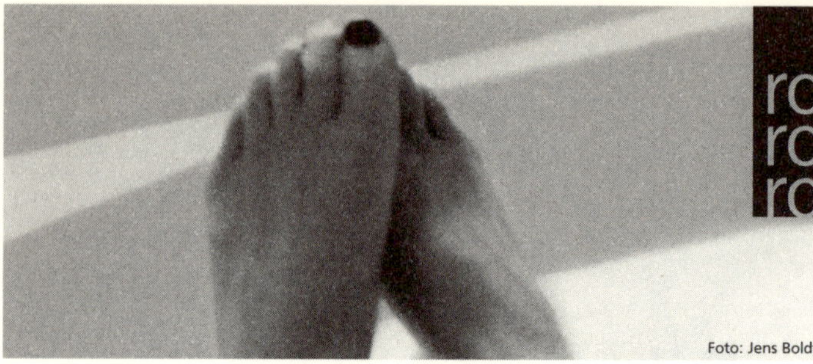

Foto: Jens Boldt

Die weibliche Problemzone heißt Mann!

Kathrin Tsainis
Dreißig Kilo in drei Tagen
Roman
3-499-22925-0
Vicky ist nicht dick, aber sie fühlt sich fett. Sie hätte gern wilden Sex mit ihrem neuen Schwarm, traut sich jedoch nicht, ihn anzumachen. Und eines weiß Vicky ganz genau: Ihr Leben sähe anders aus, wenn ihr Bauch flacher wäre, ihre Beine straffer und ihr Hintern kleiner. Abnehmen ist angesagt. Egal wie. Hauptsache, schnell fünf Kilo runter. Denn dann kommt das Glück von ganz allein. Oder nicht?

Tagediebe
Roman
3-499-23302-9

Christine Eichel
Wenn Frauen zu viel heiraten
Roman
3-499-23369-X

Ildikó von Kürthy
Mondscheintarif
Roman
3-499-22637-5
«Ich musste eine Schlaftablette nehmen, weil Lachzwang mich am Einschlafen hinderte.» (Wolfgang Joop)

3-499-23287-1